I0392270

SECONDE SUITE

AUX CONSIDÉRATIONS

SUR

LES ARTS DU DESSIN;

Ou Projet de Réglemens pour l'École publique des Arts du Dessin;

Et de l'Emplacement convenable à l'Institut National des Sciences, Belles-Lettres & Arts.

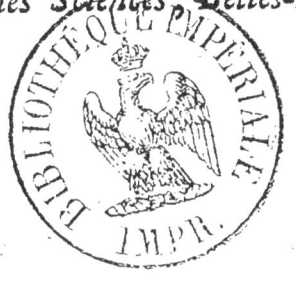

SECONDE SUITE

AUX CONSIDÉRATIONS

SUR

LES ARTS DU DESSIN;

Ou Projet de Réglemens pour l'École publique des Arts du Deſſin;

Et de l'Emplacement convenable à l'Inſtitut National des Sciences, Belles-Lettres & Arts.

PAR M. QUATREMERE DE QUINCY.

A PARIS,

Chez D E S E N N E, Libraire, au Palais Royal.

1791.

SECONDE SUITE

AUX CONSIDÉRATIONS

SUR

LES ARTS DU DESSIN.

CHAPITRE PREMIER.

Des différens Plans proposés par les Artistes.

LE règne de la liberté, l'impulsion de tous les
sentimens vers un renouvellement général en tout
ordre de choses, les abus des uns, les plaintes
des autres, la vigilance souveraine & tutélaire
de l'Assemblée Nationale, ont sollicité l'espoir
& l'exécution d'une réforme dans le régime auquel l'exercice des arts, le développement des
talens, & les intérêts des artistes sont soumis
depuis plus d'un siècle.

Jamais plus belle occasion ne s'étoit présentée
de pénétrer les principes des arts, de rechercher
la nature de leur influence sur les peuples, leur

A

analogie avec les mœurs & les inftitutions civiles,
la variété des facultés humaines dans l'exercice
des arts imitateurs, les différens modes d'imi-
tations, les moyens d'en perfectionner l'enfeignement, la méthode d'inftruction qu'ils exigent,
l'utilité ou les dangers d'une action uniforme
d'enfeignement, ou de la divifion des écoles.
Cependant, foit que de plus grands objets appellent dans ce moment tous les efprits à de
plus férieufes méditations, foit que le nombre
de ceux qui peuvent traiter de femblables quef-
tions foit très-rare, foit que la plupart des artiftes, par une perfide fidélité à des intérêts partiels, aient mieux aimé plaider leur caufe que
celle des arts, le nombre de leurs écrits fur
cette matière eft d'une rareté humiliante pour eux.

L'intérêt perfonnel a bientôt divifé & réuni
en trois partis tous les artiftes de la capitale;
& c'eft de ces trois feuls foyers alimentés par
le fouffle impur de l'intérêt, de l'orgueil & de la
jaloufie, que font émanés quelques projets, réfidus
informes de l'écume de toutes les paffions, productions avortées de l'efprit de parti, qui, honteux
de fa fécondité, défavoueroit fon ouvrage s'il
pouvoit en foutenir la vue.

J'ai dit qu'il y avoit trois partis entre les
artiftes : il faut les faire connoître ; c'eft la
meilleure manière de les combattre. Cités au

tribunal de l'opinion publique, ils ne fou-
tiendront point cette terrible confrontation.

J'étois prêt de dire il exiftoit, mais il exifte
encore une fouveraineté d'artiftes, connue fous
le nom d'académie royale de peinture & fculpture. Son régime intérieur femble démocratique;
mais il l'eft comme celui de l'ariftocratie de
Venife. Ce corps poffède le droit d'enfeigner
publiquement les arts; c'eft la moindre de fes
prérogatives. Juge fans appel de tous les talens,
il a le pouvoir de vie & de mort fur toutes
les réputations. Poffédant la faculté d'étendre ou
de refferrer arbitrairement le nombre de fes places,
d'ouvrir ou de fermer fes portes à difcrétion,
il fait languir dans l'obfcurité, ou tire du néant
ceux qu'il veut opprimer ou favorifer. Arbitre
fuprême de l'opinion publique, il imprime, par
le feul pouvoir d'admettre ou de rejetter, le
cachet de l'honneur ou la flétriffure du mépris
fur le front fervile qui fe ploie à fon joug, comme
fur le front indépendant qui oferoit le braver.
Difpenfateur unique de toutes les gloires, pro-
priétaire exclufif de tous les privilèges d'honneur,
de tous les moyens de réputation, de tous les
encouragemens publics, il force tous les talens
à briguer fa faveur, il tyrannife tous les goûts,
maîtrife toutes les difpofitions, & dirige impé-
rieufemént vers lui toutes les inclinations. Réunif-

sant, par la vicieuse combinaison de l'école avec l'académie, le droit de former les talens & celui de les récompenser, ce corps exerce sans aucun contrepoids tous les pouvoirs physiques & moraux. Véritable cercle vicieux d'influence morale sur les facultés des artistes, par le choix de ceux qu'il s'associe, il fixe la mesure de l'opinion publique sur eux, & par la réaction de l'opinion publique qu'il maîtrise, il donne aux talens la mesure qui lui plaît. Séminaire éternel d'incurables préjugés, il proscrit toute espèce de lutte d'opinions; il frappe d'interdiction tout esprit novateur.

Tel est le portrait fidèle, non pas de l'académie entière, mais de la portion de cette académie qui seule exerce, par ses officiers, tous les pouvoirs que je viens d'énoncer.

Le reste de l'académie se compose des simples adeptes, qui n'ont recherché dans le titre d'académiciens qu'une patente honorifique, & des initiés qui n'attendent que le moment d'entrer dans le gouvernement de l'école pour se venger à leur tour, sur d'autres, de la subordination qu'ils ont essuyée, & de leur longue résignation à des supérieurs, qui n'ont souvent sur eux de supériorité que celle de l'âge & des préjugés.

Voilà, comme l'on voit, quoique dans l'académie, une classe d'artistes distincte de la classe professante & jugeante. Cette différence de fituation dut produire en eux une différence de manière de voir ; auffi tous ces artiftes compofant ce qu'ils ont appellé la *majorité de l'académie*, ont-ils formé un parti diftinct de celui des profeffeurs ou officiers.

La troifième claffe d'artiftes (appellée *la commune des arts*) réunis pour émettre leur vœu fur la légiflation des arts , s'eft trouvée formée de tous ceux qui font hors de l'enceinte privilégiée de l'académie, foit qu'ils aient été repouffés par elle , foit que le manque de talent ou de fortune , de hardieffe ou de baffeffe , de pouvoir ou de volonté , de tems ou de facultés les aient exclus de ce fanctuaire de la fortune & de la renommée.

Chacun de ces trois partis a énoncé fon vœu & redigé des projets : eh bien, en trois mots voici leur analyfe.

Le premier parti veut conferver l'autorité ; le fecond veut la partager ; le troifième la veut détruire.

Le premier parti ne connoît rien de meilleur que des privilèges de talent, parce qu'il les poffède ; ni de plus jufte que l'autorité, parce qu'il l'exerce. Le fecond ne veut de liberté que jufqu'à concurrence de fes prétentions , & ne trouve au gouvernement académique d'autre vice que d'en être exclus. Le troifième s'écrie, comme dans le jugement de Salomon, *dividatur.* Il invoque la deftruction, moins pour avoir que pour ôter à

ceux qui ont, & moins pour jouir de leur dé-
pouille que de leur dénuement.

Se pourroit-il que la vérité, qui ne fut point
l'objet de femblables recherches, en fût le réfultat fortuit! Les principes de ces trois partis ne
font-ils pas trop effrontément d'accord avec leurs
intérêts, pour qu'on puiffe croire à la pureté de
leurs conféquences ? Juge dans fa propre caufe,
chacun a-t-il pu conferver l'impartialité, fans
laquelle un jugement n'eft que l'expreffion de
l'intérêt qui l'a dicté ?

Je ne m'arrêterai point à une réfutation fé-
rieufe & détaillée de ces projets déjà défavoués
par plufieurs de leurs auteurs, & par les plus
célèbres d'entre eux que je pourrois citer. Si
j'avois à analyfer chacune de ces productions,
& les motifs qui les ont enfantées, je ne pourrois
offrir d'autres réfultats que ceux de la paffion la
plus caractérifée. Eft-ce bien la peine d'acheter,
par l'ennui d'une redite inutile, une pareille
conviction ? D'ailleurs, ne les ai-je pas réfutés
fans les connoître, dans le premier écrit que j'ai
publié, & pourrois-je ajouter aux raifons que
j'ai données en faveur de l'école publique & du
libre exercice des arts, contre l'exiftence de l'académie & fon defpotifme moral ? Pour moi, qui ne
penfe pas que dire plus long foit dire plus, je
fuis perfuadé encore que je ne convaincrois pas

ceux qui ont trop d'intérêt à ne point se laisser convaincre.

Des trois partis, le plus coupable est, selon moi, celui que j'ai réfuté dans un écrit particulier, celui de la *majorité*, parce que pouvant faire le mieux, il a fait le pis ; parce qu'il a joint la lâcheté au détestable amour du despotisme ; & parce que sous le masque hypocrite de la liberté & de l'égalité, il n'a réellement combattu que pour lui & pour l'extension du pouvoir arbitraire. Qu'un voleur cherche à garder les effets qu'il a volés, c'est naturel ; mais que celui qui l'attaque ne le fasse que pour partager le vol, voilà ce qui a droit de surprendre, même le voleur. Que la classe privilégiée de l'académie combatte pour conserver ses privilèges, malheureusement pour l'humanité, il ne faut pas s'en étonner ; mais que la classe moins privilégiée ne les lui arrache que pour en faire son profit, assurément ce rôle est encore plus lâche que celui du chien de la fable.

J'observe d'ailleurs que la classe privilégiée de l'académie est composée d'hommes qui croient véritablement avoir acheté ces privilèges, soit par l'âge, soit par les services. Il se peut en outre qu'une plus longue habitude, que la jouissance de ces droits, peut-être même quelques préjugés, les aveuglent un peu plus sur les avantages qu'ils trouvent dans l'ordre de chofes actuelles, & fur les améliorations projettées d'un change-ment, contre lequel l'âge & l'expérience fe roi-diffent naturellement.

Le fecond parti, ou celui de la *majorité*, n'a point en fa faveur toutes ces préventions, il n'a voulu qu'arracher les plumes du paon; il doit être honni par les paons & par les geais.

Quant au troifième parti, je ne le blâmerai point d'avoir agi par intérêt, puifque c'étoit celui de la liberté, mais de n'avoir agi que par intérêt.

Je devrois diftinguer ici l'ouvrage redigé par *une fociété d'artiftes*. Ses vues font très-faines; mais fon projet a le défaut de n'offrir qu'un canevas vuide & indéterminé, un plan fans échelle, dont toutes les proportions font incom-menfurables, dont l'enfemble ne peut fe faifir par l'analyfe. C'eft beaucoup plus une efquiffe faite dans la vapeur, qu'une compofition rai-fonnée. C'eft une élévation perfpective, mais à laquelle il manque le plan qui puiffe juftifier la poffibilité de l'exécution.

Ie n'ai point eu l'avantage d'affifter aux féances de cette fociété d'artiftes; mais chaque page de leur projet me prouve, que fans ceffe dans l'al-ternative de trop concentrer l'autorité ou de la dilater avec excès, ils ont mieux aimé fe diffimu-ler les difficultés que de les réfoudre. Sur prefque tout, ils ont fait comme ces peintres qui jettent des ombres fur les parties dont ils ignorent les formes ; n'ayant fu articuler de contours, ils les ont fait vagues.

Je ne parle pas de l'affemblée illimitable d'artiftes qui fait la bafe ruineufe de tout leur régime & de leur gouvernement. J'ai déjà prouvé, & je reprouverai encore qu'il n'exifte aucun moyen de déterminer la nature des titres & la compéfence des droits de ceux qui la compoferoient ; qu'expofer à la publicité la plus entière les plus petits intérêts qui puiffent exifter dans une nation, ce feroit peut-être les livrer au ridicule pire que le mépris ; que cette conformité qu'ils ont cherché à établir entre leur affemblée & celle des Repréfentans de la Nation françoife, pourroit ne devenir qu'une parodie propre à compromettre l'opinion qu'on doit avoir & des arts & des artiftes.

Mais ce qui prouve combien cette fociété, qui n'a eu que de louables intentions, a peu cherché le moyen d'en remplir l'objet, c'eft le défaut total d'organifation qui caractérife fon plan. Ses auteurs fentent la néceffité d'une école publique, le befoin de moyens publics d'inftruction, & celui de profeffeurs publics appliqués aux diverfes branches d'enfeignement. Mais tous ces agens temporaires ne feront que paffer par les places

d'enseignement. Nul surveillant fixe, nulle hié-
rarchie d'administration ; disons mieux, nulle
administration. Que deviendroit donc l'institution
livrée au hasard d'agens sans pouvoir & sans ref-
ponsabilité ? Car l'assemblée générale de tous les
artistes, qu'on suppose pour un moment possible,
& par impossible durable, ne seroit jamais capable
de la surveillance minutieuse qu'exige une administration de la nature de celle qu'il nous faut. Et
puis, ou cette assemblée se constituera souveraine, & par suite de ses droits de souveraineté,
passera à la propriété & à la disposition libre de
tous les objets qui lui seront soumis ; & voyez
où nous mène cette fiction : ou il faut qu'elle soit
responsable elle-même. Mais comment attendre
de responsabilité d'une pareille agrégation ? car,
ou cette assemblée veut jouer le rôle de peuple,
en ce cas elle ne sauroit être responsable, ou si
elle n'est pas le peuple, elle ne sauroit exister lé-
galement par elle-même, elle ne le peut qu'en
vertu d'une délégation. Mais elle ne peut être
le pouvoir déléguant, elle ne sauroit devenir un
pouvoir délégué, puisqu'elle n'offre aucun moyen
de responsabilité ; & dans tous les cas, elle ne peut
administrer l'institution, car une assemblée de ce
genre n'administre pas. Les agens qu'elle commet-
tra pour une année ne peuvent lui être responsables
sans une véritable dérision, par cela qu'elle-même

ne fauroit l'être. Ils feroient alors ou nuls, ou tout-puiffans. Il n'y auroit d'autre moyen, dans l'hypothèfe actuelle, que de confier l'inftitution à l'autorité municipale ou à l'autorité royale. Ni l'un ni l'autre de ces moyens n'a été prévu, ni probablement defiré par la *fociété d'artiftes*.

Tout en rendant juftice à plufieurs de fes vues particulières, je ne puis m'empêcher de dire qu'elle n'a point fu embraffer d'enfemble. Elle a fait un affemblage de matériaux, fans s'inquiéter des forces qui les éléveroient, du deffin qui les façonneroit, & des points d'appui qui les foutiendroient. Le corps qu'elle conftitue a tout, excepté la vie, & comme fi elle eût craint l'ouvrage de fes mains, elle a mieux aimé le laiffer fans mouvement, que de lui donner un reffort dont elle n'a pas fu calculer les effets.

Ce moteur, dans toutes les inftitutions humaines, eft fans doute le chef-d'œuvre de l'ouvrier. Mais celui-là femble avouer fon impéritie qui n'ofe l'y placer. Entre le double inconvénient de donner trop de force à un corps ou de l'énerver, ne fauroit-il y avoir de milieu? Ofons donc le chercher avec la bonne-foi du défintéreffement, & avec la perfuafion que le mieux eft trop fouvent l'ennemi du bien, & qu'en fait d'inftitutions humaines, la perfection confifte à trouver *minima de malis*.

CHAPITRE II.

De la néceffité & de l'utilité d'une Ecole permanente.

LE danger d'une académie telle que celle qui exifte eft notoire ; la néceffité d'une école publique ne l'eft pas moins , & eft reconnue de tous les partis. Il n'y a donc plus de difcuffion que fur le mode d'organifation. Voyons donc fi un corps enfeignant formé fur un tout autre plan que l'ancien , en auroit les dangers , & fi l'on ne pourroit pas en attendre des avantages qu'en vain on chercheroit ailleurs.

Je répéterai pour la dernière fois , qu'autant il me paroît impoffible de coordonner au fyftême uniforme de la liberté , un corps auffi difparate par fes prétentions & fes privilèges que l'académie actuelle , autant il feroit ridicule de vouloir calquer rigoureufement fur les élémens d'une république une école , c'eft-à-dire , une inftitution qui , par fa nature , eft en dehors de la circonfcription des pouvoirs politiques.

Les principaux vices attachés à l'académie actuelle , me paroiffent au nombre de trois , & font :

1°. L'autorité phyfiquement & moralement defpotique qu'elle exerce par la réunion de tous les pouvoirs fur les arts & fur les facultés de ceux qui les proffeent.

2°. L'influence trop uniforme & trop mefquinement active de l'enfeignement fur l'efprit des élèves & fur le développement de leurs talens.

3°. L'inégalité révoltante qui réfulte des privilèges de fait & d'opinion attachés à l'académie , & qui produifent dans ceux qui en jouiffent comme dans ceux qui en font privés , des paffions très-ennemies du progrès des arts.

Je ne connois pas d'abus partiel qui ne provienne des trois principaux que je viens d'énoncer.

Le premier de ces abus dans l'académie actuelle , réfulte de la complication du corps utile appelé école , avec le corps honorifique appelé académie ; du pouvoir d'enfeigner par l'école , réuni au pouvoir de récompenfer ou de punir par l'admiffion ou le refus de l'académie , de l'illimitation des places académiques ; qui force tous les talens à briguer un titre dont la privation eft au moins une défaveur ; du droit exclufif qu'a l'académie au choix de fes membres.

Le fecond genre d'abus , qui dérive en grande partie du premier, a fa fource particulière dans la méthode routinière de l'enfeignement , refferré à la feule étude d'un modèle , dans l'influence trop active de l'exemple, dans l'inftitution des petits concours d'émulation répandus dans le cours des études, & qui ne font que des pièges tendus à la crédulité d'une puérile ambition.

Le troifième abus, celui de l'inégalité, a pour bafes l'opinion établie dans le public par la conf-titution académique, fur ceux qui poffèdent le titre d'académiciens, ou qui en font fruftrés ; la différence de valeur que ce titre ou le défaut de ce titre attachent aux ouvrages ; le droit exclufif qu'ont les membres de l'académie d'expofer au Louvre, de prétendre aux encouragemens pu-blics (payés jufqu'ici par le Roi), & de parve-nir aux places utiles ou diftinctives.

Le problême à réfoudre pour éviter ces abus, feroit donc de former un corps uniquement af-fecté à l'enfeignement, dont les places limitées à un petit nombre calculé fur les feuls befoins de l'enfeignement, ne conféreroient à ceux qui les occuperoient que des devoirs à remplir, éloigne-roient l'idée d'une prééminence abfolue de talens fur tous les autres, & fans ceffer d'être un hon-neur, cefferoient d'être un privilège, & de de-venir l'objet unique de toutes les ambitions ; un corps qui, fans détruire l'heureufe influence des écoles particulières, offriroit à l'inftruction des étudians les moyens généraux d'apprendre, & les leçons qu'il leur feroit impoffible de trouver ailleurs, qui ne feroit qu'offrir à tous, les inftru-mens de la fcience, fans diriger impérieufement

ceux qui les emploient, & laifferoit à l'action
du génie toute la liberté qui lui convient ; un
corps enfin qui, dénué de tout privilège phyfique & moral, n'auroit aucun efprit de corps,
parce qu'il n'en auroit pas befoin, feroit jufte par
l'inutilité & l'impuiffance de l'injuftice, feroit
flexible à l'opinion publique qui le maîtriferoit,
& trouveroit pour contrepoids de fon influence,
les écoles particulières, l'unité d'expofition publique, & l'inftitution générale des concours.

Si le projet dont j'ai donné les élémens & les
bafes dans mon premier écrit, rempliffoit toutes
ces conditions, j'aurois réfolu le problême ;
j'ignore fi je dois m'en flatter ; mais aucun des
dangers que je viens d'expofer, n'a été abfent de
mon efprit dans la formation de mon plan.

Deux points feuls de reffemblance avec l'académie actuelle ont pu inquiéter les amis de la
liberté dans le projet que j'ai donné. L'un eft
la permanence du corps enfeignant, l'autre eft le
droit exclufif que je lui ai conféré de fe recruter lui-
même, par le choix qu'il feroit feul de fes membres.

Quant à ce dernier point, ma réponfe fera
dans l'aveu que je fais de mon erreur, & dans le
changement que j'indiquerai pour la réparer.
Mais le premier, celui de la permanence de l'é-
cole, je fuis fi loin de le défavouer & de m'en
départir, que je le regarde comme la bafe de

tout, & comme la condition fans laquelle il ne fauroit y avoir d'école. Je vais donc prouver que ceux qui s'y oppofent, s'abufent eux-mêmes par une conformité qui n'eft qu'apparente ; que les caufes changées, les effets changent auffi ; enfin que cette permanence eft auffi néceffaire qu'utile.

Dans tous les débats qui ont eu lieu, les uns n'ont fait que ferrer le nœud de la queftion, les autres l'ont tranché. Effayons de le réfoudre.

Un corps enfeignant fixe & permanent fe préfente aux yeux de la liberté, toujours un peu jaloufe de fa nature, comme diftinguant un certain nombre d'hommes, comme attachant à quelques individus un caractère qui femble les faire fortir du niveau commun, & par conféquent comme fufceptible de reffufciter parmi les talens une efpèce d'ariftocratie.

Peut-être devrois-je obferver avant tout, que cette queftion de la permanence d'un corps enfeignant pour les arts, trouvera une folution générale dans le fyftême d'éducation publique qu'adoptera l'Affemblée Nationale, & que dans le cas, qui me paroît de beaucoup le plus probable, où les places d'enfeignement feroient permanentes pour tout le refte de l'éducation, la conféquence de l'uniformité feule, entraîneroit la permanence de l'école des arts.

Mais

Mais eſt-ce ſérieuſement & de bonne-foi que l'on craint les dangers dont je viens de faire l'énumération, d'un corps qui n'auroit avec celui qui exiſte, d'autre point de comparaiſon que d'en être tout-à-fait le contraire ; d'un corps qui ne donneroit à ſes membres aucun droit, aucun pouvoir ſur les artiſtes ; d'un corps qui ne jouiroit d'aucune prérogative particulière, qui ne feroit aucun acte ſuſceptible d'une influence publique ſans le concours de ceux qui n'en feront pas partie ; d'un corps qui, par la ſuppreſſion de tous les petits concours, jadis livrés au jugement arbitraire de l'école, ne conſerveroit que les moyens les plus généraux d'influer ſur la direction du génie naiſſant ; d'un corps enfin ſoumis lui-même, par la nature des inſtitutions nouvelles, à tous les parallèles de l'égalité, à toutes les cenſures de la liberté, à tous les chocs des combats publics ?

Non, ſans doute ; les murmures qui s'éleveroient contre la fixité du corps enſeignant, ne ſeroient que ceux d'une inquiétude jalouſe de l'ombre même d'un pouvoir, & de l'ombre plus imaginaire encore d'une diſtinction. Mais tout choix qui, dans la république, confie à un homme un pouvoir quelconque, ne lui donne-t-il pas auſſi un titre diſtinctif ? Oui, dit-on. Auſſi dans la choſe publique le contrepoids de la diſtinction ſe trouve-t-il dans l'amovibilité des

B

places. L'homme qu'élève au-deſſus des autres le choix de ſes concitoyens, voit dans le terme de ſa magiſtrature l'arrêt de ſon égalité ; ce terme, qui eſt la mort du pouvoir, le ramène ſans ceſſe au néant de l'ambition, & conſole ſes rivaux. Pourquoi ne pas faire de même dans la république des arts ?

Pourquoi ? c'eſt que d'abord, comme je l'ai déjà dit, il n'y a point de république des arts. Pourquoi ? c'eſt que les raiſons qui exigent qu'on borne à un tems fixe, la durée des magiſtratures dans la république, n'exiſtent pas à l'égard des fonctions de l'enſeignement ; c'eſt que la crainte de l'abus du pouvoir, de l'uſurpation du crédit, de la continuité de la faveur populaire, de la malverſation & le danger de la perte de la liberté publique, véritables motifs de l'amovibilité des magiſtratures, ne ſauroient ſe tranſporter, ſans une alluſion enfantine, à l'organiſation très-peu reſſemblante d'une école.

Cependant n'y a-t-il pas quelques dangers attachés à l'inamovibilité des places dans l'enſeignement des arts ? Oui, il y en a, & je ne les diſſimule pas. Un maître pourroit avoir des principes vicieux, un autre, quoique choiſi ſur de bons ouvrages, pourroit manquer de la capacité propre à l'enſeignement public, tel autre pourroit être inexact dans ſes fonctions, celui-ci pourroit acquérir par l'âge, ou des préjugés fâcheux, ou l'inhabileté à remplir fes obligations. Mais auffi n'ai-je propofé de rendre fixe que le corps, tandis que tous les membres commis aux diverfes parties de l'enfeignement feroient électifs & amovibles. Cette fimple précaution me paroît fuffifante pour garantir l'école des abus que pourroit entraîner un mauvais choix, & c'eft, ce me femble, tout ce qu'exige raifonnablement l'intérêt d'une inftitution qui n'a que très-peu de rapport avec les principes & les élémens d'une république.

Je fens bien que ce défaut apparent de conformité eft le point le plus difficile à faire approuver de ceux qui, fenfibles à une régularité fymmétritrique dans toutes les inftitutions publiques, les veulent apprécier plutôt d'après la rigueur des principes que par la bonté des effets. Je connois toutes leurs objections.

Voici ma dernière réponfe.

Je conftitue le corps entier de l'école fixe & inamovible, d'abord parce qu'il n'y a pas, felon moi, de moyen de faire autrement, & puis parce qu'il doit en réfulter de grands avantages. Néceffité & utilité, voilà mes raifons.

Néceffité.

J'ai déjà fait voir que pour faire d'une école

un corps mobile, comme toutes les adminiſtra-
tions du royaume, il faudroit trouver une baſe
correſpondante à celle du peuple dans le gouvernement; qu'un peuple d'artiſtes eſt une chi-
mère; que le plus grand nombre étant d'ignorans, ſe compoſeroit par conſequent d'hommes
inhabiles à voter; que le droit de citoyen dans
cette république imaginaire ne pourroit appartenir qu'aux habiles & aux ſavans, mais qu'il n'y
avoit aucun moyen de déterminer le titre & la
qualité d'activité en ce genre; que l'exercice des
arts du deſſin comporte néceſſairement dans chacune de ſes parties, des branches mécaniques
qui n'ont aucun rapport avec l'art conſidéré du
côté du génie; qu'un peintre d'enſeignes eſt,
quant au fait, auſſi peintre qu'un peintre d'hiſ-
toire, & que ſi la loi peut fixer un taux de fortune ou de propriété pour être électeur ou éli-
gible aux emplois civils, il n'exiſte aucune poſ-
ſibilité de fixer un tarif de talent propre à faire
reconnoître celui qui auroit le droit de voter en
matière d'arts; que dès-lors une aſſemblée primaire d'artiſtes ſeroit la plus grotefque, ſi elle
n'étoit la plus impoſſible de toutes les combi-
naiſons; que le titre d'élève étant de tous les
âges, puiſque l'un eſt habile homme à l'âge où
un autre commence, on exclueroit quelquefois
un maître du droit d'enſeigner, lorſque d'une

autre part on mettroit les maîtres dans le cas d'être nommés par les écoliers : c'eft-à-dire, en un mot, qu'on feroit nommer les favans par les ignorans.

J'ajoute qu'il n'y a pas plus de poffibilité à faire nommer les maîtres par un corps électoral tel qu'on l'entendroit. Ce corps, s'il eft fixe, fera précifément celui que je propofe d'établir; s'il fe renouvelle, il faut qu'il ait périodiquement fon principe dans une élection populaire. Mêmes in- convéniens, mêmes difficultés, mêmes ridicules pour fa formation que pour la nomination des maîtres.

Fera-t-on nommer les maîtres de l'école des arts, ou le corps électoral dont ils fortiroient par les affemblées du peuple ? Le peuple eft, & fera encore long-tems fouverainement ignorant dans cette partie. Par les électeurs de département ? Mais ils font peuple, & il n'y a pas de raifon pour qu'ils y entendent plus que le peuple. Par les affemblées adminiftratives ? Il y a de très- fortes raifons, déjà fondées fur l'exemple, pour qu'ils y entendent encore moins, puifque ceux qui les compofent fe choififfent fur des titres prefque toujours exclufifs des connoiffances de l'art.

Puifque la loi de la néceffité eft celle de tout l'univers, je pourrois me difpenfer d'invoquer d'autre raifon que celle qui dérive d'un principe antérieur à tous les principes. Mais j'ai dit que de grands avantages étoient attachés à l'inamovibilité de l'école.

Utilité.

Je ne veux point compter au nombre des avantages réfultans de la permanence d'un corps enfeignant, ni celui d'éviter par un plan fimple & ftable toutes les intrigues, toutes les difficultés inceffamment renaiffantes d'une élection auffi informe qu'abfurde, ni la ftabilité qu'il n'eft jamais inutile de procurer à des inftitutions que leur mobilité feule pourroit détruire, ni l'émulation qui pourroit naître du defir d'occuper des places toujours honorables. Ces avantages font indirects ; mais j'en vois trois principaux.

L'un a rapport à l'adminiftration interne de l'école.

. Le fecond à l'enfeignement.

Le troifième aux inftitutions d'utilité générale qui doivent s'y lier.

Quant à l'adminiftration de l'école, j'avoue que je ne conçois pas comment en agrandiffant fon domaine, en multipliant les inftrumens & les cours d'inftruction, comme le defirent les adverfaires de fa permanence, on a pu fe flatter que la fimple furveillance de toutes les parties, la feule exécution des réglemens que follicitent le bon ordre & la police, la direction des branches nouvelles d'enfeignement, le perfectionnement dont elles feront progreffivement fufceptibles, l'accord de tous les refforts, de tous les mouvemens d'une machine affez étendue, n'exigeroient pas de ceux qui en deviendroient les moteurs, une fuite, une liaifon, une continuité d'opérations, impoffibles à attendre d'individus incohérens entre eux, momentanément commis à une geftion tranfitoire, & dont la refponfabilité feroit indéterminable. Où feroit le point central d'action? Quel feroit le reffort compreffif qui repoufferoit dans le cercle de leurs devoirs, des hommes toujours novices, fouvent inhabiles par état, ou infoucians par caractère ? Le Pouvoir exécutif péfera, dites-vous, fur cette inftitution comme fur tout le refte du gouvernement. Mais en vain cette clef de toutes les voûtes voudra-t-elle preffer les pierres de cet édifice; fi un fyftême ftable & folide n'a pu en déterminer les formes, & en affujettir, par un contour régulier toutes les dimenfions, elles échapperont à cette preffion falutaire.

Pour moi je penfe que la nouvelle école des arts, tant par les différens cours de connoiffance qu'elle préfentera aux étudians, que par le nombre des objets d'étude foumis à fa furveillance, par l'étendue des rapports nouveaux qu'elle feule peut embraffer, & que j'indiquerai tout-à-l'heure, doit avoir befoin d'une adminiftration plus active, plus détaillée, plus vigilante que celle qui a eu lieu jufqu'à ce jour. Si l'on parvient à réalifer tout ce qui, depuis long-tems, n'eft qu'en projet, à faire fortir enfin de la pouffière de l'oubli, tous les modèles des arts, & à les claffer d'une manière convenable à la curiofité du public & à l'inftruction des artiftes; fi l'on ajoute à ce que nous avons déjà, ce que le moulage des figures antiques peut nous procurer, & ce que les originaux difperfés en France doivent offrir d'objets effentiels aux progrès de l'art; fi l'on réfléchit que toutes ces galeries qui doivent compofer l'école des arts, n'appellent d'autre furveillance naturelle que celle des maîtres de l'école, on fentira tout l'abus qu'il y auroit de ne commettre à l'infpection de toutes ces chofes que des prépofés temporaires, infufceptibles de refponfabilité, & qui n'auroient dans le cours borné de leur geftion, ni le tems d'en connoître la nature, ni le moyen d'en apprendre les devoirs.

Je fais auffi qu'il y a de l'inconvénient à laiffer vieillir dans de certains poftes les dépofitaires de la confiance publique. Souvent leur activité fe perd dans la jouiffance, leur zèle s'endort fur leur inamovibilité; & quelquefois auffi des mains trop expérimentées acquièrent le fecret de certains abus que ne foupçonnent point des mains novices. Mais aufli je ne propofe de permanence que dans le corps, & c'eft-là ma réponfe à toutes les objections de détail qu'on peut me faire. Un corps ne fe laiffe pas féduire comme un individu. La furveillance générale appartenant à la maffe plus nombreufe de ceux qui n'exerceroient pas de fonctions actives, nous trouverons là le pivot de toute l'exécution, le reffort naturel qui réprimera tous les écarts, le point central des opérations, & la garantie de l'exécution des réglémens généraux, comme des obligations particulières. Sans cela, j'avoue qu'une école compofée de tout ce qui doit former la nôtre, qui doit avoir une geftion de deniers, une répartition d'honoraires & de dépenfes, des rapports extérieurs, une correfpondance fuivie, un befoin continuel d'entretien & de reftaurations, une garde d'objets nombreux & précieux, qui comporte toutes fortes de détails d'économie, d'ordre & de police, fans une adminiftration régulière, fuivie & permanente, me paroîtroit un édifice bâti fur un fable mouvant.

Confiera-t-on à des commis gagés les foins que je viens de décrire ? Mais c'eft faire ce que je propofe, à l'exception que c'eft le faire moins bien & plus difpendieufement. Moins bien, parce que tous les objets d'administration relative aux arts, exigent des connoissances d'artistes, qu'il seroit impossible d'attendre d'agens étrangers à ces matières. Plus dispendieusement, parce que de tels préposés ne sauroient faire entrer dans leur salaire cette monnoie du plaisir & de l'honneur, que des artistes peuvent mettre dans des soins qui se lient à leurs goûts les plus chers, & qui appellent sur eux l'estime de leurs égaux.

Le second avantage dont j'ai parlé, a rapport à l'enseignement.

Cet objet, qui est le but principal de l'école, se lie trop étroitement à tous les rapports administratifs, pour que les raisons précédentes soient étrangères aux intérêts qui, dans cette matière, sollicitent plus fortement encore la permanence de l'école. L'enseignement d'ailleurs, tant en général qu'en particulier, peut être susceptible de réformes & d'améliorations, que jamais des maîtres passagers n'auroient ni le loisir, ni la volonté d'opérer. Sans un corps fixe, tous les détails de l'enseignement, ou tomberoient en désuétude, ou seroient exposés à toute la mobilité de système des maîtres qui se succéderoient. Il n'y auroit d'invariable que la variation de toutes les tentatives, de tous les essais que chacun croiroit avoir le droit d'introduire, & n'auroit pas le pouvoir de réaliser.

De ce que l'académie n'a jufqu'ici rien fait pour les progrès de l'enfeignement public, pourquoi déféfpérer qu'un corps dénué de tous les vices de l'ancien, & commis à l'objet unique de l'enfeignement, puiffe mettre fon ambition à en perfectionner la marche & les principes? Pourquoi, lorfque l'intérêt & la vanité ne pourront plus briguer les places enfeignantes, fe refuferoit-on à l'efpoir que le defir feul d'être utile y conduiroit des hommes dont les méditations & les études fe porteroient vers une partie fi négligée jufqu'à ce jour? Il y a tel corps qui ne fera jamais de bien; mais il y a tel bien auffi qui ne peut être fait que par un corps. Celui que je propofe, mobile dans fa partie active, permanent dans fon enfemble, réuniroit tout ce qui peut produire une action uniforme, fans s'oppofer aux moyens de la perfectionner.

Et puis, fi libre qu'on rende le cours de l'éducation des arts par l'abolition de tous les petits concours fcholaftiques, il en reftera toujours, tels que ceux des prix annuels dans les trois arts. Ces jugemens, ceux encore qui fixeront dans la fuite une répartition bien entendue d'encouragemens, bien d'autres petits détails trop faftidieux à énoncer, n'exigent-t-ils pas des maîtres qui aient pu fuivre dans les différens cours d'étude, les différens genres de talens & de difpofitions?

Il eſt un troiſième point de vue d'utilité plus
générale, ſous lequel l'école peut ſe conſidérer,
& qui en exige impérieuſement la permanence.
Je veux parler de deux inſtitutions nouvelles,
auxquelles les arts pourroient devoir leur proſ-
périté, & qu'il me ſemble impoſſible de ne point
attacher à l'école des arts.

La première, eſt la répartition des encouragemens nationaux qui doivent être affectés au progrès des arts.

La ſeconde, eſt l'établiſſement des concours
& leur jugement, pour tous les ouvrages d'art
payés des deniers publics, comme pour ceux que
des entrepriſes particulières voudroient ſoumettre
à cette épreuve.

La première inſtitution n'a pas beſoin que
j'en prouve de nouveau l'utilité, elle ſe démontre
d'elle-même. Les encouragemens accordés par le
Roi depuis quinze ans, ont ſeuls ſoutenu les
arts. La Nation ne fera pas plus économe ſur cet
article; il y va de ſa gloire, de ſon intérêt. Ce
n'eſt pas un ſacrifice qu'elle fait, c'eſt à peine une
avance. Mais un autre avantage doit réſulter de
ces encouragemens; c'eſt celui de l'émulation
que le mode de leur répartition doit faire circuler
dans toutes les parties des arts. C'eſt là ce qu'il
importe de diriger habilement; la manière de
ſemer peut produire une double moiſſon.

Des deux partis qui divifent l'académie, l'un n'a ofé toucher cette matière, l'autre l'a profanée. Le parti des profeffeurs ou officiers a peut-être craint de manquer aux fentimens de la reconnoiffance, en fe dégageant envers le Roi de l'obligation d'attendre de lui de nouveaux bienfaits. Il n'a peut-être pas voulu voir que la bienfaifance à venir du Roi pourroit bien n'avoir pas le caractère de fon ancienne munificence, que les avantages qui réfultent de la culture des arts, retournent uniquement à la nation, & qu'en conféquence il n'appartient qu'à ceux qui ont les profits de fupporter les charges.

Le fecond parti, ou celui dit de la majorité, attend de la nation les bienfaits alimentaires des arts; mais ce n'eft qu'à l'académie qu'il en attribue l'ufufruit. Adjudicataire exclufif des encouragemens nationaux, ce corps en applique la jouiffance à fes membres, qui concentreroient entre eux le droit de fe les répartir. C'eft ici le partage du lion.

Le filence des uns ne mérite pas plus d'être interprété, que l'indifcrétion des autres d'être combattue.

Il eft évident que les encouragemens payés par la nation ne doivent être le patrimoine de perfonne. Rien ne repouffe plus l'idée d'un privilège, qu'une fomme à laquelle tous les individus de la nation contribuent.

Mais ce qui ne choque aucun principe, c'est, dans la néceffité de trouver un moyen de répartition, d'attribuer à l'école, comme point central des artiftes, le droit de faire à tous indiftinctement cette diftribution, en prenant toutefois les précautions néceffaires, pour que les diftributeurs de cette faveur ne puiffent en difpofer arbitrairement, ni s'en conftituer les adjudicataires exclufifs.

Je dis que cette répartition doit être confiée à l'école : 1°. Parce que devant être le réfultat d'un concours, il feroit abfurde que les concurrens fe jugeaffent eux-mêmes. 2°. Parce qu'à défaut d'une inftitution fixe, il faudroit retomber dans les affemblées générales d'artiftes, c'eft-à-dire, dans un vuide abfolu d'action. 3°. Parce que les formes néceffaires à remplir pour cet objet, exigent un cours réglé d'habitudes conftantes. 4°. Parce que l'école, indépendamment de ceux qui s'affocieront à fes jugemens, doit être compofée d'hommes qui auront les connoiffances & le difcernement que comportera ce genre de jugement.

Les encouragemens doivent avoir pour objet de fortifier les talens naiffans, & de récompenfer les talens formés. Les encouragemens doivent donc fe décerner aux concours qui auront lieu périodiquement à l'expofition publique. Il

faut que tous les genres, tous les degrés de talent puiffent y paroître. Quiconque refufera
d'entrer dans cette lice, fera cenfé renoncer aux
prix qui attendront les vainqueurs. Une raifon
bien fimple follicite l'unité d'expofition publique;
c'eft le befoin de comparer, qui ne peut avoir
lieu que dans une réunion générale de tous les
talens.

Puifqu'il faut des encouragemens publics, il
faut que tout le monde puiffe y prétendre. La
feule manière de les adjuger eft le concours; ce
concours ne peut avoir lieu que par le moyen de
l'expofition publique; ce concours veut des juges, les concurrens ne peuvent pas l'être. Mais
l'ordre & l'arrangement des expofitions publiques, la direction des fommes d'encouragemens,
leur emploi felon les objets auxquels elles s'ap-
pliqueront, la forme des jugemens, la furveillance fur ceux auxquels feront confiés les travaux d'encouragement, les foins de la direction
& des diverfes deftinations de ces ouvrages.
Comment concevoir tout cela fans un établiffement fixe dont les opérations feroient conftantes & uniformes? Comment concevoir l'exécution de tous ces détails fans un corps permanent? Et quel autre que l'école peut & doit
remplir ces divers emplois?

Je ne conçois pas d'encouragemens fans concours, je ne conçois pas de concours sans juges; & je ne conçois rien de tout cela poffible dans l'exécution, sans un point de centre fixe, duquel toutes ces opérations émaneront.

J'ai déjà dit qu'il y auroit un abus à donner à l'école le pouvoir de tous ces jugemens, ce feroit le danger de la partialité & de l'interêt perfonnel; mais j'ai indiqué auffi le moyen fort fimple du contrepoids à fon influence, dans l'intervention à nombre égal de ceux qui ne feroient pas partie de l'école. Je ne ferai à ce que j'ai déjà propofé qu'un feul changement, qui, faifant entrer le fort dans le choix définitif, ôtera à l'intrigue tout moyen de prévaloir.

Il faut diftinguer dans les ouvrages payés des deniers de la nation, ceux dont je viens de parler, & qui feroient affeétés fpécialement aux progrès des artiftes, à l'entretien de certaines parties de l'art, qu'il faudroit, fans de tels moyens, fe réfoudre à voir difparoître, d'avec les travaux publics, les monumens nationaux, & tous les objets de luxe ou d'utilité générale qui, payés par le tréfor public, doivent appeller tous les artiftes au droit d'y concourir.

Pour les premiers ouvrages, & pour leur répartition ou leur adjudication, il ne nous faut qu'un concours vague & indéterminé: ce font les talens qui doivent concourir dans une mêlée générale.

Pour

Pour les feconds qui feront foumis ordinairement à des demandes précifes & à la rigueur d'un programme, il nous faut un concours fpécial, & ce font les ouvrages qui concourront dans des combats particuliers.

Il eſt indubitable que le jugement du premier genre de concours doit appartenir à l'école, avec les modifications convenables. Je dis que cela eſt indubitable, parce que d'une part je n'y vois aucun danger, & que de l'autre je ne conçois pas de mode fimple & facile qui puiſſe la remplacer.

Mais fi nous parvenons à trouver dans l'organiſation de notre école, une machine à concours qui foit fimple dans fes mouvemens, fans danger dans fon action, exempte de partialité par la combinaiſon toute naturelle des contre-poids, qui offre les juges les plus éclairés, & en même tems les plus défintéreſſés, que nous faut-il de plus pour la feconde efpèce de concours qui fera dans le cas de fe renouveller fouvent?

La municipalité vient de traiter la queſtion des concours; elle s'eſt appliquée fur-tout à la réfoudre du côté du choix des juges, & des moyens de les trouver impartiaux. Elle a cru voir cette folution dans la formation par le corps municipal d'une efpèce de *jury* compoſé de cent perfonnes, parmi lefquelles les concurrens choifiroient quinze juges.

C

Ce plan ne me paroît que fpécieux. Comme il n'y· a véritablement aucun rapport entre une procédure criminelle & le choix d'un bon ouvrage, la fimilitude de procédés pour découvrir la vérité d'un fait avec le difcernement néceffaire pour apprécier le talent, n'eft qu'une puérile illufion.

N'y ayant aucune analogie dans la nature des chofes, on en chercheroit en vain dans la reffemblance des moyens. J'obferve d'abord que la loi ne donne point aux parties intéreffées le choix des jurés, mais fimplement le droit de récufation ; ce qui eft bien différent. Et puis, la loi qui donne aux accufés de l'influence fur les jurés, ne leur en donne pas fur les juges. Par le projet de la municipalité, le juré eft juge feul & définitif, & les intéreffés choififfent leurs juges ; ce qui n'a jamais été dans aucun pays du monde. Les intéreffés ne peuvent choifir leurs juges, que dans la fuppofition de deux parties oppofées qui fe nomment leurs arbitres. Dans la difcuffion des intérêts civils, ce mode peut être bon ; il offre à chaque partie la fûreté que fes intérêts feront bien défendus ; mais dans le jugement d'un ouvrage, ce mode feroit déteftable, car le juge qui prendroit les intérêts d'une partie, ne mériteroit pas d'être juge, & par cela même feroit mauvais juge. D'ailleurs, des concurrens ne font pas des parties oppofées. Le bon fens indique que les juges en matière de talent doivent, le plus qu'il fera poffible, être indépendans de ceux qu'ils font appellés à juger.

La municipalité n'eft pas inftruite de tous les moyens d'intrigue & de coalition qu'offriroit aux concurrens le choix de leurs juges. Il ne faut pas s'imaginer, & l'expérience le démentiroit bientôt, que le nombre des concurrens doive être toujours confidérable. Excepté quelques occafions, & fur-tout après la ferveur des premiers tems, les dépenfes d'un concours, la perte du tems, l'incertitude du fuccès, le rifque d'une chance unique, dégoûtent le plus grand nombre des artiftes.

Livré à un petit nombre de concurrens, parmi lefquels plufieurs ne le feroient que pour la forme & pour influer fur la nomination des juges, ce choix deviendroit aifément l'objet des fpéculations les plus intéreffées, & l'effet de négociations frauduleufes de corruption entre les concurrens électeurs, qui capituleroient avec les plus riches ou les plus intrigans. Le réfultat d'un pareil fcrutin finiroit par donner aux plus ambitieux les juges qui leur feroient les plus favorables. Le détail de toutes les menées & de toutes les cabales dont le projet de la municipalité offre la poffibilité, feroit trop long.

Mais de quoi s'agit-il pour l'établissement des concours ? Car il ne faut ni s'exagérer les dangers, ni fermer les yeux sur les inconvéniens.

Il faut trouver des juges éclairés & désintéressés.

Ce ne sera point en les faisant choisir par les concurrens qu'on parviendra à faire cette élite.

Ne cherchons point non plus de similitude entre des accusés & des concurrens, entre des crimes & des tableaux, entre des juges légaux & des juges de goût. Mais la nature des choses nous indique tout ce qu'il nous faut.

D'abord c'est au public à faire en ce genre la fonction du *jury*. Tous les ouvrages des concurrens seront exposés à sa critique & à sa censure. Et qu'on ne croie pas que ce premier jugement soit si aisément récusable. Dans le tems même où l'opinion publique n'étoit que ce qu'on ne pouvoit pas l'empêcher d'être, elle forçoit toujours en ce genre les jugemens du pouvoir arbitraire. Dans les pays où le choix des artistes n'a jamais dépendu que de ce pouvoir, nous le voyons céder toujours au ressort de l'opinion.

Alexandre VII avoit juré de ne plus employer le Bernin. Celui-ci fait le modèle de la fontaine Navonne, & le place sur le passage du pape : *Il faudra donc malgré moi*, s'écrie le pape, *employer le Bernin*. Si cette force de l'opinion a jusqu'ici fubjugué les defpotes, comment imaginer que des juges y refifteroient ?

Qu'auront à faire ces juges ? A prononcer fur l'opinion publique.

Mais où les prendre ?

Nous voulons les plus éclairés & les plus défintéreffés.

Les plus éclairés ; ne les trouvons-nous pas naturellement dans une élite d'hommes éprouvés par une continuité de fuccès, exercés au difcernement que donne l'enfeignement public, réuniffant aux talens perfonnels l'expérience que les jugemens des ouvrages des élèves, que ceux encore des concours périodiques doit néceffairement fortifier en eux ?

Les plus défintéreffés ; ne les trouverons-nous pas dans la combinaifon qu'on exigera des maîtres de l'école avec ceux qui n'en feront pas partie ?

Nous n'aurons à craindre, par ce moyen, ni les préjugés de l'efprit de corps, ni la partialité pour aucune claffe d'artiftes. Faifant nommer dans l'école un nombre de juges égal à ceux du dehors, faifant réduire ce nombre par le fort, nous déjouerons toutes les intrigues. Faifant afficher publiquement les noms des juges, & accordant aux concurrens le droit de récufer ceux que de certains intérêts pourroient rendre partiaux ou dangereux, je cherche en vain ce qu'on

pourroit objecter de raisonnable à cette institution.

Mais, ce qu'on n'a pas la peine de chercher,
& ce qui est tout trouvé, c'est la simplicité du
moyen, c'est sa facilité, c'est le jeu tout naturel
d'une machine fixe, durable & uniforme.

L'institution des concours pour les ouvrages
publics, la composition du tribunal, indépendant
du choix des concurrens, composé d'hommes
éclairés & désintéressés, fera le plus grand avantage que les arts puissent espérer de la révolution.

S'il est vrai qu'une école·bien organisée réunit
tous les moyens qu'on peut desirer pour la perfection d'un tel établissement, je pense qu'on ne
sauroit mieux faire que de l'y attacher. Mais si
cela est, il en résulte aussi la conséquence impé-
rieuse de donner à l'école toute la consistance
d'un corps inamovible; car rien de tout cela ne
pourroit s'espérer de la composition d'une école,
dont les maîtres passagers & indépendans de tout
pouvoir supérieur, toujours apprentifs dans leurs
fonctions, ne sauroient même en deviner l'exercice.

Voici l'analyse de tout mon raisonnement.
Qui veut la fin, veut les moyens; si l'on veut
des arts, il faut vouloir les moyens d'en avoir.
Un de ces moyens est d'en procurer l'enfeignement; cet enseignement se fait de deux ma-

nières, par pratique & par théorie. L'enseignement par pratique, dans les écoles des maîtres, est de beaucoup le meilleur ; mais pour qu'il existe, il faut beaucoup d'ouvrages ; il y en a très-peu en France ; les maîtres ont à peine de quoi trouver de l'emploi pour eux seuls ; ils ne peuvent donc point former d'élèves par la pratique. Reste donc la théorie : mais la pénurie des maîtres la réduit à être nulle dans leurs écoles ; il faut donc y suppléer par l'école publique. L'école publique étant nécessaire, les encouragemens publics, sans lesquels les maîtres n'auroient rien à faire, l'étant aussi, la méthode & les procédés de l'enseignement, la répartition des encouragemens demandant une administration stable & des opérations suivies, il est donc nécessaire de créer une école fixe & permanente dans son ensemble. J'ai fait voir que l'amovibilité des membres commis à la partie active de l'enseignement, remédioit aux abus essentiels qui résultent de la permanence des fonctionnaires.

Je ne vois point de milieu ; il faut ne pas vouloir d'école, ou si l'on en veut une utile, il la faut inamovible & permanente.

Cela accordé, reste une objection à détruire, c'est celle de l'élection des hommes qui composeront l'école. Le mode que j'ai proposé dans mon premier écrit, confère le droit d'élection à

l'école feule ; & le pouvoir de fe recruter réfi-
deroit en elle. Ce qui rend ce corps fur cet objet
très-effentiel, fans contre-poids, puifque rien
d'étranger à lui n'influant fur fes choix, il ac-
quiert par-là le pouvoir très-dangereux de ne
choifir que des hommes dévoués à fes principes,
& qu'en tout état de caufe il ne fe préfente à
nous aucune caution de fon impartialité & de
la rectitude de fes intentions.

Je ne diffimule point que frappé de l'impof-
fibilité phyfique & morale d'une élection populaire, de tous les ridicules qu'entraîneroient des
comices d'artiftes, de la difficulté de reconnoître
en eux des droits qui ne peuvent fe fonder que
fur l'opinion arbitraire du talent, de définir la
qualité d'hommes, que l'impofition même ne
peut atteindre ; convaincu d'ailleurs que tous les
dangers de l'ancien corps doivent difparoître
dans fa nouvelle métamorphofe, que l'opinion
publique fuffira pour y opérer la juftice des
choix, j'avois préféré m'écarter de la rigueur
des principes pour opérer plus de fimplicité
dans les effets. Je ne diffimule point, dis-je,
que ce mode peut être répréhenfible, mais on
verra qu'étant toujours parti de la bafe d'un
concours pour l'élection de ceux qui doivent
former l'école, le remède va fe trouver auffi
bien près du mal.

Les places qui compoferont l'école devant être remplies par les hommes les plus capables & les plus éprouvés, ce choix & cette épreuve ne doivent fe faire qu'au concours, dans l'expofition publique : tel a été mon principe. Le mode que j'ai indiqué eft vicieux, en ce qu'aucun autre fuffrage ne vient balancer celui des maîtres de l'école. Eh bien ! faifons pour le jugement de ce concours, ce que nous avons établi pour tous les concours en général : établiffons des juges, pris moitié dans l'école & moitié dehors, avec les mêmes conditions & les mêmes précautions qui doivent prévenir l'intrigue, &c.

S'il peut refter encore quelque odeur d'influence de la part de l'école, quelque foupçon de partialité, par la poffibilité d'un calcul & d'une prévoyance d'intérêt dans la manière d'opérer le choix des juges, ou d'en combiner les réfultats avec ceux du fort, j'avoue qu'il faudroit être bien prodigue de prévoyance & de pénétration pour en faire un emploi fi minutieux, à l'égard d'objets dont le falut de l'état & l'intérêt même des arts font fort loin de dépendre.

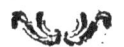

CHAPITRE III.

Doit-on foumettre à une méthode fixe d'en-feignement l'Ecole des Arts ?

DANS le renouvellement des arts chez les modernes, tout a pris une direction différente de celle qui eut lieu chez les anciens. Cette différence de marche tient-elle aux variétés que les facultés morales éprouvent & reçoivent de la différence des climats ? vient - elle de l'époque où le genre humain, véritablement vieilli, á voulu, après un long fommeil, reprendre l'exercice de fes facultés ? Quoi qu'il en foit, on obferve que les poëtes, chez les anciens, précédèrent les philofophes ; tandis que chez la plupart des peuples modernes, le règne de la philofophie a devancé celui de la poéfie. Defcartes eft venu trop tôt, difoit Boileau, pour que nous ayons de la poéfie. Et en effet, la raifon & l'imagination doivent toujours aller en fens inverfe ; les lueurs de l'une pâliffent devant le flambeau de l'autre. Toutes fortes de raifons s'oppofent donc à ce que les arts redeviennent ce qu'ils ont été ; mais leur règne moderne a été fi court, leur profpérité fi éphémère, qu'on n'a pas même eu le temps d'analyfer leur fubftance & leur nature. Les arts n'étoient déjà plus, ou n'exiftoient que fous le fimulacre inanimé d'un froid mécanifme, lorfque quelques hommes ont cherché à fcruter leurs principes, & à réduire en méthode leur enfeigne-ment : ils fe font étrangement mépris. Avouons-le : toute méthode ne peut fe fonder que fur l'expérience ; & dans l'exercice des arts, nous n'en avons encore aucune.

Les artiftes mus par le fentiment, ou entraînés par la routine, n'ont jamais réfléchi fur la marche de leur efprit, fur la nature des inftrumens mo-raux qu'il emploie, fur le développement des facultés de la jeuneffe, fur la direction qui lui convient en ce genre. Un tel cours d'expérience n'a jamais pu être l'ouvrage d'hommes dont le fentiment eft prefque le feul favoir. Socrate n'ac-cordoit aux artiftes qu'une efpèce d'infpiration ; mais aucun d'eux, dit-il, n'étoit en état de rendre raifon de ce qu'il faifoit. Une divinité quelconque femble en effet conduire l'artifte dans fes ou-vrages ; elle s'empare de lui, elle l'emporte dans une efpèce de monde imaginaire ; c'eft-là qu'il voit, qu'il faifit l'idée du beau : interrogez-le fur les routes qui l'y conduifent, c'eft un fonge que vous détruifez, & qu'il détruiroit lui-même, s'il fe reploit fur fa penfée. De-là le peu de pro-grès qu'a faits la théorie des arts ; de-là le peu

d'avancement des connoiſſances propres à fonder
les baſes d'un bon ſyſtême d'éducation ſur l'expérience des facultés morales de l'homme en ce
genre.

Les philoſophes & les gens de lettres ont été
juſqu'à ce jour trop étrangers aux connoiſſances
des arts, & trop peu ſenſibles à leurs plaiſirs,
pour qu'on puiſſe attendre d'eux, dans cette
partie, les développemens que l'eſprit d'analyſe,
la diſſection des facultés morales, la ſaine lo-
gique & la philoſophie expérimentale, on pu
porter dans les autres branches des connoiſſances humaines.

J'ignore juſqu'à quel point l'éducation en général peut être ſuſceptible de perfection ; juſqu'à
quel point s'élève la perfectibilité de l'eſprit humain ; ſi elle a des bornes, ou ſi les acquiſitions
de chaque ſiècle, dépoſant un ſédiment progreſſif
de connoiſſances nouvelles, les générations ſuc-
ceſſives doivent s'élever de plus en plus à une
hauteur indéfiniſſable.

J'ignore encore plus ſi l'enſeignement des
arts du génie peut concevoir jamais l'eſpé-
rance d'un accroiſſement ſemblable, ſi les facultés
de l'homme peuvent recevoir, en ce genre, une
progreſſion illimitable de culture & de rapports.
J'ignore s'il eſt des règles qui puiſſent guider ou
calculer les efforts du génie ; ſi jamais les réſul-

tats en ce genre d'expérience, feront d'accord
avec les principes ; fi l'on peut affeoir une théorie
fixe & déterminée fur les effets les plus infufceptibles d'analyfe. J'ignore fi une méthode raifonnée
& graduée, qui, d'après des élémens quelcon-
ques, affujettiroit à une marche uniforme les opérations des étudians, mefureroit leurs pas, &
enchaîneroit l'effor de la fantaifie, ne feroit pas
la mort du génie.

Je dis que j'ignore toutes ces chofes ; mais je
fais par expérience que des fruits du génie font
bien fouvent du nombre de ceux qui aiment
une végétation indépendante, & qui échappent
aux foins protecteurs d'une culture recherchée.
Nombre d'exemples m'ont fait voir que le fentiment du beau & du vrai, que les infpirations
du génie, que cette incompréhenfible fenfibilité
qui fait le talent de l'imitation, ne dépendent ni
des maîtres, ni des écoles ; que toutes ces qua-
lités heureufes, qui font l'homme de génie, fe
flétriroient bien fouvent à l'approche de la main
indifcrète qui voudroit en diriger le développement, & que les foins de l'homme en ce genre
font beaucoup plus près de contrarier que d'aider
la nature.

Je fais auffi, par expérience, que bien des
germes de talent font morts, faute d'avoir été
recueillis & préfervés ; que bien d'autres, pour

avoir dédaigné toute efpèce d'appui, ne fe font développés un inftant que pour devenir le jouet du caprice, & ont féché avant de mûrir; que plufieurs autres, faute d'avoir été greffés par une éducation heureufe, n'ont donné que des fruits âpres & amers. Enfin, je fais jufqu'à quel point trop de défordre dans le cours des études, trop d'incohérence dans l'acquifition des connoif-fances, trop d'irrégularité dans la marche de l'efprit, font capables auffi d'égarer & de faire difparoître les meilleures difpofitions.

Ce n'eft donc pas, felon moi, un petit pro-blême à réfoudre que la jufte combinaifon de la règle & de la méthode propre à l'enfeignement de tout ce que comportent les arts, avec la liberté d'effor & l'indépendance d'exercice que demande le génie. J'effaierois peut-être d'en donner la fo-lution dans une école particulière, parce que maître de relâcher ou de refferrer, felon la na-ture des variétés que j'appercevrois, les liens de la méthode, je ferois toujours libre de propor-tionner aux dimenfions particulières, la mefure du cadre d'enfeignement.

Mais à Dieu ne plaife que pour le préfent on s'en permette même l'effai dans une école publique, où la routine deviendroit bientôt le directeur univerfel, où la réfiftance du génie ne pourroit être en raifon égale des forces de l'exemple, de la méthode & des maîtres, où un système erroné pourroit pervertir les facultés de plusieurs générations !

Des deux excès à redouter dans cet enseignement, le moins dangereux est toujours celui qui donne le plus à la liberté : dans le doute, il vaut mieux s'abstenir, & l'on risque moins de faire trop peu que de faire trop. Je l'ai dit d'ailleurs ; dans l'état actuel des connoissances acquises sur la théorie des arts, personne n'oseroit se vanter d'en savoir assez pour rédiger un code d'enseignement qui pût obvier aux deux sortes d'abus : j'ose affirmer que s'il s'en trouvoit, ce ne seroit que parmi des hommes qui prendroient la routine pour la méthode, ou parmi ceux chez qui le système d'une théorie universelle tiendroit lieu d'expérience. Un des grands avantages de l'école que je propose d'instituer, sera de mettre les philosophes à portée d'étudier cette partie de l'enseignement, & de la soumettre, d'après un cours suivi d'expérience, au creuset de l'analyse & de la méthode : mais, je le répète, c'est à l'expérience à faire cet ouvrage ; ne devançons pas ses leçons, sachons les attendre & les recevoir.

Qu'on ne s'attende donc pas à trouver dans le plan dont je vais tracer l'ensemble & les détails, l'ouvrage d'une théorie systématique d'enfeignement, ni un cours d'étude calculé d'après l'analyfe des facultés de l'homme dans les arts, ni une échelle claffique d'inftruction, qu'on feroit forcé de parcourir pour s'élever des moindres connoiffances aux plus élevées; ce travail doit être celui de l'école elle-même & du temps. J'ai confidéré l'école à former comme une réunion de tous les inftrumens d'enfeignement, dont le développement des talens peut avoir befoin; j'ai voulu qu'au milieu de la diverfité fi remarquable de toutes les facultés, aucun talent ne puiffe fe plaindre d'avoir manqué d'appui, ni d'avoir trouvé trop de lifières. L'école publique doit féconder le génie, mais d'une manière générale & femblable à l'action du foleil : elle doit chercher à découvrir le talent; mais fa manière de le trouver doit reffembler à celle d'Ulyffe, chez les filles de Lycomède; il faut qu'elle préfente à tous les goûts les divers appâts de l'inftruction; c'eft au génie de faifir les inftrumens qui lui font propres.

Je vais confidérer l'école fous trois rapports, qui feront la divifion naturelle & méthodique de tout ce que doit comporter cette matière.

Une école, pour exifter, doit avoir un régime fixe, une organifation déterminée, des loix adminiftratives, & une action régulière.

Une école n'exifte que pour l'enfeignement,

elle

elle doit établir une réciprocité d'obligation entre les maîtres & les étudians ; il faut qu'elle ait des réglemens qui prescrivent les devoirs des uns & les droits des autres.

Une école peut avoir plus ou moins de rapports généraux avec l'intérêt public & le progrès des arts, par les institutions des encouragemens & des concours qui s'y attachent naturellement ; il faut donc fixer toutes les conditions des concours & de leurs jugemens, & déterminer leurs rapports avec l'école.

Il convient donc d'envisager l'école dans ses rapports avec elle-même, ou dans son organisation & son administration ; dans ses rapports avec l'enseignement, ou dans les relations réciproques des maîtres & des étudians ; dans ses rapports généraux avec le progrès des arts & la chose publique, ou dans les institutions d'encouragement & de concours. Rapports intérieurs, rapports théoriques, rapports publics : tels sont les trois points qui vont constituer l'ordre d'un projet de réglement, où l'on a plutôt cherché à asseoir des principes & à développer en grand l'action uniforme d'un enseignement libre, qu'à calculer des détails, & à prévenir toutes les petites objections de la critique, tous les inconvéniens partiels que l'expérience seule peut rendre sensibles.

D

CHAPITRE IV.

De l'Ecole dans ses rapports intérieurs, ou de son organisation & de son administration.

ART. I. Tous les corps publics d'enseignement, relatifs aux arts du dessin ou à quelqu'une de leurs parties (1), seront réunis à l'école publique des arts du dessin, de manière à ne former qu'une seule institution, soumise à la direction unique des maîtres qui la composeront.

II. L'école publique des arts du dessin n'ayant d'autre objet que l'enseignement des arts & leur progrès, le nombre des maîtres dont elle se formera, sera limité & fixé sur les besoins de l'instruction publique ; il n'aura pour base que l'intérêt des étudians & des études, & non la quantité d'artistes capables d'en remplir les places.

III. Les parties d'enseignement que comporte chacun des arts du dessin, étant à-peu-près égales, & le nombre de ceux qui exercent chaque art

_____

(1) L'école des ponts & chaussées exceptée, quant à sa partie administrative.

ou qui l'étudient, l'étant à-peu-près auffi, l'école fe compofera d'un nombre égal de maîtres dans chacun des trois arts.

IV. Comme l'école ne fauroit exifter fans une adminiftration indépendante de l'enfeignement, les emplois adminiftratifs feront diftinéts des fonétions relatives à l'inftruétion publique.

V. Le corps de l'école fe compofera de pro-feffeurs aétifs & amovibles, commis pour deux années aux fonétions de l'enfeignement public, par la totalité des membres de l'école, & d'une claffe plus nombreufe du double, qui fera chargée de la furveillance générale & des foins adminif-tratifs.

VI. Le nombre des maîtres ne devant repofer fur aucune autre bafe que le calcul des places d'enfeignement, & le nombre des cours d'étude qu'embraffera l'école publique des arts du deffin fe réduifant à neuf, il réfulte que les profeffeurs aétifs avec leurs fuppléans ou adjoints, ne s'élé-veront point au-deffus de vingt, ce qui, en dou-blant ce nombre pour compofer la maffe du corps furveillant & adminiftratif, donne le nom-bre de foixante maîtres pour l'école entière.

VII. Comme plufieurs des cours d'étude nécef-faires au complément de l'éducation des arts, exigent de ceux qui feront à leur tête des con-

noiſſances littéraires , & une habileté dans certaines parties des ſciences qui pourroient ne point
ſe rencontrer à un degré ſuffiſant parmi les per-
ſonnes qui exercent les arts du deſſin , il y aura
ſix places affectées dans l'école à des gens de
lettres ou à des ſavans.

VIII. L'école publique des arts du deſſin ſe
compoſera de dix-huit peintres, dix-huit ſculp-
teurs , dix-huit architectes , & ſix hommes de
lettres ou ſavans.

IX. Nul ne pourra être élu membre de l'école
que d'après le réſultat d'un concours général.

X. Seront exceptés de cette règle les hommes
de lettres ou ſavans.

XI. Lorſqu'il viendra à vaquer une place dans
l'un des trois arts , l'aſſemblée générale de l'école
fera ſavoir qu'il y a lieu à un concours pour une
place de profeſſeur.

XII. Le concours aura lieu à l'expoſition publique annuelle.

XIII. Ceux qui voudront avoir part au concours
ſe feront inſcrire chez le ſecrétaire, & ſpécifieront
ceux de leurs ouvrages ſur leſquels ils veulent
être jugés.

XIV. L'expoſition publique achevée , les ouvrages déſignés par les concurrens feront réunis

dans un même lieu, avec les noms de leurs auteurs, & feront de nouveau expofés huit jours à la critique & foumis à une comparaifon plus rapprochée.

XV. Ce délai expiré, il fera procédé au jugement de ce concours & à l'élection du profeffeur, de la manière & dans la forme indiquées au chap. VI, tit. 1ᵉʳ.

XVI. Le nouveau profeffeur prendra fa place dans l'affemblée générale de l'école, auffi tôt après le jugement, & prêtera ferment entre les mains du préfident, de remplir fidellement les devoirs qui lui feront impofés, & d'obferver les réglemens, dont le fecrétaire lui remettra un exemplaire.

XVII. A chaque réception il fera fait une lecture des réglemens, & le nouvel élu ne prêtera ferment qu'après cette lecture entendue.

XVIII. Le nouvel élu fera tenu de donner, dans l'efpace de deux années, un ouvrage de fa compofition & à fon gré, pour refter dans l'école, comme témoignage de fon talent, & comme monument hiftorique de l'art.

XIX. Ne feront exceptés de cette règle, que les favans ou gens de lettres.

XX. Les peintres donneront un tableau, les

fculpteurs une figure ifolée ou un grouppe, en telle matière qu'ils voudront (le plâtre excepté), les architectes, un plan & une élévation de monument, en deffin ou en relief.

XXI. Si dans l'efpace de temps prefcrit, ou après les délais motivés & accordés par l'affemblée générale de l'école, un profeffeur manquoit à l'obligation de donner un ouvrage de fa compofition, il feroit déchu de fa place, & l'on procéderoit à la nomination d'un autre.

XXII. Tout membre qui voudra fubftituer à l'ouvrage déjà donné, un autre morceau de fa compofition, en fera le maître, pourvu que l'affemblée générale de l'école approuve cet échange & y confente : cette approbation devra fe donner par la voie du fcrutin.

XXIII. Toutes délibérations qui auront pour objet l'exécution des réglemens, le maintien de l'ordre, & la direction des matières administratives, fe prendront à la majorité des fuffrages recueillis à voix haute, par appel nominal, fur la lifle & par ordre de réception.

XXIV. Toute délibération tendant à faire choix des perfonnes, foit pour les fonctions temporaires de l'enfeignement, foit pour celles de l'adminiftration, feront prifes par la voie du fcrutin, & aux deux tiers des fuffrages des membres compofant l'affemblée générale de l'école.

XXV. Les places d'adminiftration feront celles de préfident, vice-préfident, fecrétaire, fecrétaire-adjoint & tréforier.

XXVI. Ces places feront incompatibles avec celles de l'enfeignement ; & dans le cas où la même perfonne feroit élue aux deux, elle fera tenue d'opter.

XXVII. Le préfident & le vice-préfident feront élus pour quatre années, & ne feront rééligibles qu'après quatre années.

XXVIII. Le fecrétaire & le fecrétaire-adjoint feront élus pour fix années, & pourront être réélus fans intervalle.

XXIX. Le tréforier fera élu pour quatre années, & ne pourra être continué qu'une feule fois fans intervalle.

XXX. Les profeffeurs commis aux différens cours d'enfeignement, excepté ceux indiqués ci-après, feront élus pour deux années, & ne pourront être réélus qu'une feule fois fans intervalle.

XXXI. Les profeffeurs de mathématiques, d'hiftoire & de perfpective feront élus pour fix années, & pourront être réélus fans intervalle.

XXXII. Les maîtres commis à l'enfeignement, & les cinq fonctionnaires adminiftrateurs, for-

meront un comité, préfidé par le préfident où
le vice-préfident de l'école, lequel aura lieu tous
les famedi de chaque femaine, & dans lequel
fe rapporteront toutes les affaires relatives à
l'ordre & à la police des écoles, & aux détails
d'adminiftration fur lefquels il prononcera.

XXXIII. L'affemblée générale de l'école aura
lieu une fois, & le premier lundi de chaque
mois, à moins que le comité d'enfeignement ne
la requière plus fouvent, ou qu'elle ne foit de-
mandée par douze membres réunis. Le préfident
pourra auffi convoquer des affemblées extraor-
dinaires.

XXXIV. Les affemblées feront convoquées en
forme par le fecrétaire, & l'on ne pourra rien
arrêter qu'elle ne foit compofée des deux tiers
de fes membres.

XXXV. Il fera ftatué fur le genre de rétribution
qu'il pourroit convenir d'accorder par chaque
féance, & fur les amendes que mériteroient de
payer ceux qui négligeroient d'y paroître.

XXXVI. Les objets généraux d'adminiftration,
les dépenfes à ordonner, la reddition des comp-
tes, les réformes ou les innovations dans l'enfeignement, les programmes des prix annuels, &
généralement tous objets d'un intérêt général

pour l'école entière, ne pourront être arrêtés que dans l'assemblée générale.

XXXVII. Les plaintes portées contre quelqu'un des maîtres ou des agens de l'école seront jugées par l'assemblée générale, sauf le recours à la justice & à l'autorité supérieure.

XXXVIII. Le président proposera les matières à discuter dans la séance, prononcera au nom de l'assemblée les arrêtés pris relativement à ses travaux. Les arrêtés seront signés du président & du sécrétaire.

XXXIX. Les différens cours d'étude relatifs aux arts du dessin, exigeant la vue habituelle des monumens de l'antiquité, des ouvrages originaux des grands maîtres, & de tous les modèles de l'art, il sera formé des galeries où tous ces objets précieux seront exposés à l'étude & à la curiosité publique.

XL. Tous les originaux précieux qui doivent former ces collections, étant une véritable propriété nationale, & à laquelle, ni la municipalité, ni le département, & encore moins l'école ne peuvent prétendre, il y aura des hommes instruits & affidés préposés à la garde de chacune de ces galeries, & qui feront à la nomination du Roi.

XLI. Les maîtres que l'école y préposera, ne le feront que comme professant dans les matières

& les objets d'étude relatifs à chacune de ces galeries ; mais ils n'en auront ni la garde, ni l'administration.

XLII. Les professeurs, soit d'antique, soit de modèle, auront une inspection générale sur tous les ouvrages d'art, renfermés dans les galeries; mais uniquement sous le rapport de l'étude & des détails relatifs à l'instruction des élèves.

XLIII. Les préposés à la garde des tableaux ou autres objets, ne pourront cependant faire aucune restauration, ni ordonner aucun nettoyage de tableaux, moulage de statues, ni déplacement d'ouvrages, sans le concours de l'école, & une approbation de sa part.

XLIV. Seront distingués des tableaux anciens, dessins de grands maîtres, médailles, antiquités, statues originales, estampes & autres objets précieux, qui sont une propriété nationale, des objets qui ne sont proprement que d'étude, qui n'ont de valeur que par l'enseignement & pour lui, & qui doivent se considérer comme le patrimoine de l'école.

XLV. Du nombre des objets considérés comme appartenant à l'école, seront les plâtres moulés sur l'antique, les modèles anatomiques, les dessins de perspective, les démonstrations de costume, les livres à l'usage de l'instruction habi-

tuelle, les modèles d'architecture, ceux de conftruction de mécanique, &c.

XLVI. Tous ces objets feront confiés à la garde
des profeffeurs de chaque genre ; il en fera fait
un état vérifié par l'affemblée générale, & tout
profeffeur fortant d'exercice fera tenu d'en rendre
compte à des vérificateurs nommés à cet effet.

XLVII. Tous les ouvrages donnés par chaque
membre, après fon admiffion, feront confidérés
auffi comme la propriété de l'école, & la garde
de ces objets fera confiée au préfident, fur un
état vérifié par l'affemblée, qui en fera rendre
compte au préfident fortant d'exercice.

XLVIII. Les feules places à la nomination de
l'école, feront celles qui ont pour objet l'enfeignement public & fon adminiftration intérieure.

XLIX. La place de directeur de l'école de
Rome, étant moins un emploi enfeignant qu'une
commiffion indépendante des foins & des talens
qu'exige l'enfeignement des arts, & qui ne demande qu'une geftion adminiftrative, elle fera
à la nomination du Roi.

L. Les honoraires & falaires de tous les prépofés aux fonctions enfeignantes ou adminiftratives de l'école, feront réglés fur les facrifices
que ces emplois mettront ceux qui les occupe-

peront dans le cas de faire à la chose publique.
(*Voyez* Chap. VIII.)

LI. Les places de suppléant aux emplois qui
en exigeront, ne comporteront point d'honoraires ; mais en cas d'absence, de maladie ou de
décès du professeur, le suppléant touchera les
émolumens de la place, en proportion du temps
qu'il l'aura exercée.

LII. Il y aura un ou plusieurs concierges chargés
des soins de la propreté, de l'entretien, de l'éclai-
rage, & de tous les détails de ce genre ; leurs appointemens seront fixés par l'école elle-même. Il
y aura pareillement un huissier, dont les fonctions & les appointemens seront réglés de la
même manière ; seront fixés de la même sorte,
le nombre, le service & les appointemens des
garçons de salle attachés à l'école.

CHAPITRE V.I.

De l'Ecole dans ses rapports avec l'ensei-
gnement.

TITRE PREMIER.

Des Maîtres.

ART. I. L'ÉCOLE, dans sa partie enseignante,
sera divisée en neuf classes ou cours d'étude,
qui seront ceux :

De la Nature ou des Modèles.

De l'Antique ou des Statues.

De l'Architecture.

De la Construction.

De l'Ornement.

Des Mathématiques.

De l'Histoire, Costume & Antiquités.

De l'Optique & Perspective.

De l'Anatomie.

II. Les cinq premières classes ou cours d'étude-
pratique, seront ouverts tous les jours de l'année, excepté les Dimanches & Fêtes.

III. Les quatre autres classes ne seront ouvertes
que certains jours de la semaine, ou à certaines
époques de l'année.

IV. Il y aura quatre profeſſeurs affectés à la claſſe de la Nature, & ils feront deux ans en exercice.

V. Chacun de ces quatre profeſſeurs ſurveillera l'étude du Modèle ou de la claſſe de la Nature pendant trois mois de l'année.

VI. Outre la ſurveillance de ce cours d'étude, chaque profeſſeur en exercice ſera chargé de faire choix de différens modèles, qui ſe renouvelleront de manière que les étudians puiſſent au moins chaque mois en voir un nouveau.

VII. Ces Modèles ne feront point attachés à l'école; mais feront payés ſelon leur ſervice & le prix convenu entre eux & le profeſſeur.

VIII. L'étude de la Nature embraſſant la connoiſſance des deux ſexes, la privation de modèle de femme dans l'exercice des arts du deſſin, étant une des cauſes de ce ſtyle ſans grace qu'on remarque à tant d'ouvrages, & le mêlange de la grace & de la force étant le but auquel doit tendre tout bon genre de deſſin, le profeſſeur en exercice ſera tenu de faire paſſer ſucceſſivement, ſous les yeux des étudians, des modèles des deux ſexes & de tous les âges.

IX. Les trois profeſſeurs qui ne feront point en exercice dans la claſſe de la Nature, feront chargés de l'inſpection des études dans les galeries de tableaux , deſſins , &c. , où les élèves iront copier & étudier.

X. Ils expédieront les permiſſions motivées , ſelon le déſir des étudians , ſur leſquelles les prépoſés à la garde de ces galeries , ſeront tenus de leur en procurer la libre jouiſſance.

XI. En qualité d'inſpecteurs des études dans chaque galerie , ils en ſurveilleront l'ordre & la diſcipline ; ils donneront des conſeils à ceux qui les requerront , & porteront plainte , ſoit au comité des profeſſeurs , ſoit à l'aſſemblée générale , de tous les déſordres ou délits contre la police , qui pourroient avoir lieu.

XII. Les profeſſeurs de l'étude d'Antique ſeront au nombre de deux , & ſerviront par ſemeſtre.

XIII. Ces profeſſeurs expédieront aux étudians les permiſſions néceſſaires pour copier dans les ſalles d'antiques ; & les prépoſés à leur garde ne pourront , ſur de telles permiſſions , en refuſer à perſonne l'entrée & la libre jouiſſance.

XIV. Les profeſſeurs veilleront à l'entretien & reſtauration des figures , & aucune reſtauration ne ſe pourra faire que ſous leur direction.

XV. Ils exerceront les mêmes droits de police & de ſurveillance que ci-deſſus.

XVI. Les profeſſeurs d'architecture ſeront au

nombre de quatre, exerceront par quartier & se distribueront les diverses parties de l'enseignement théorique de cet art.

XVII. Les professeurs de construction seront au nombre de deux; savoir, celui de la coupe des pierres, & celui de mécanique; ils n'auront d'exercice que pendant six mois de l'année.

XVIII. Les professeurs d'ornement seront au nombre de deux, & feront en exercice continuel.

XIX. Cette classe devant remplacer l'école gratuite du dessin, & comportant beaucoup de détails d'instruction-pratique pour les arts mécaniques, ainsi qu'un grand nombre d'élèves, les deux professeurs d'ornement pourront être aidés dans l'exercice de leur fonction par quatre ou six sujets dessinateurs, qui seront choisis par l'assemblée générale de l'école, mais qui n'en feront pas partie.

XX. Ces dessinateurs-adjoints feront entièrement subordonnés aux deux professeurs de l'ornement.

XXI. Les professeurs de l'ornement ne pourront faire copier aux élèves que des dessins approuvés par l'école.

XXII. Ils feront tenus de faire choix des plus beaux modèles antiques ou modernes, en tout genre,

genre, de meubles, de formes, de rinceaux &
d'ornemens, dont le recueil fera gravé.

XXIII. Le profeffeur de mathématiques élé-
mentaires enfeignera l'arithmétique, la géomé-
trie, les principes de l'algèbre, &c. Il donnera
fes leçons certains jours de la femaine & à des
heures réglées, felon les convenances de l'école
& les befoins des élèves : il fera nommé à ce
profeffeur un adjoint pour le remplacer en cas
de befoin.

XXIV. Le profeffeur d'anatomie donnera fes
leçons quatre mois de l'année, depuis le premier
janvier jufqu'au premier mai, fur les fujets diffé-
qués, fur les modèles anatomiques, & fur les
modèles d'homme vivant. Il fera fait choix d'un
chirurgien démonftrateur, qui fera payé par
l'école, mais qui n'en fera point partie.

XXV. Le profeffeur d'hiftoire, antiquité &
coftume, donnera fes leçons quatre mois de
l'année, depuis le premier mai jufqu'au premier
feptembre. Il fera nommé à ce profeffeur un
un adjoint pour le remplacer en cas de befoin.

XXVI. Le profeffeur d'optique & perfpective,
donnera fes leçons quatre mois de l'année, depuis
le premier feptembre jufqu'à la fin de l'année.

XXVII. Dans les temps où il n'y aura point
de cours publics d'anatomie, d'hiftoire & de

E

perfpective, les modèles anatomiques, les def-
fins de figures & démonftrations relatives à ces
connoiffances, feront expofés à l'étude & à
l'examen des élèves qui en obtiendront la permiffion de chacun des profeffeurs prépofés à la
garde de ces objets d'étude.

TITRE DEUXIÈME.

Des Etudians.

ART. I. Tout étudiant, de quelque pays qu'il
foit, aura droit de participer à tous les cours
d'étude-pratique ou théorique.

II. La feule formalité à remplir confiftera dans
une infcription à prendre chez le profeffeur de
chaque cours d'étude ; cette infcription contiendra
le nom & la demeure de l'étudiant, qui recevra
un billet d'entrée, portant fon nom, & figné
du préfident de l'école.

III. Ne pourront les différens prépofés à la garde
des galeries en refufer l'entrée, ni la jouiffance
des ouvrages qu'elles renfermeront à aucun étudiant muni d'un pareil billet, pendant les féances
où elles feront ouvertes à l'étude.

IV. Ne pourront les étudians jouir de la faculté
de copier les ouvrages expofés dans les galeries
fans ce billet d'admiffion.

V. Lorfqu'il y aura lieu à déplacement de quelque original, dont les copies ou les études ne pourront s'effectuer que par ce moyen, & exigeront une jouiffance plus particulière de l'ouvrage, la permiffion en fera donnée par le comité des profeffeurs qui en inftruira le prépofé à la garde de la galerie.

VI. Nul étudiant ne pourra travailler dans les galeries les jours de dimanche & de fête; ces jours feront réfervés à la jouiffance & à la curiofité du public.

VII. Pourront être exceptés de cette règle, ceux qui auroient obtenu le déplacement de quelque tableau ou autre ouvrage dont les copies fe feroient dans quelque pièce féparée, & qui auroient obtenu la permiffion de ne point fufpendre leurs travaux.

VIII. Pour les cours d'étude, tel que celui de la nature, où la variété des places que les étudians peuvent occuper, met une très-grande différence dans le profit qu'on peut en tirer, le fort décidera de ces places.

IX. A cet effet il fera formé une lifte de tous les noms, par ordre alphabétique, de ceux qui fe feront faits infcrire pour cette claffe. Tous ces noms feront appellés par le moyen d'une rotation fucceffive, de manière que toutes les femaines les places changent, & que chacun à fon tour puiffe jouir des meilleures fans aucune efpèce de diftinction ni de prédilection particulière.

X. L'appel fini, nul ne pourra entrer, & la porte de la claffe fera fermée à toute efpèce de perfonnes.

XI. Dans la claffe de la nature, le profeffeur en exercice ou fon fuppléant, en cas d'abfence, auront feuls le droit de pofer les modèles.

XII. Chaque pofe de modèle durera une femaine.

XIII. La manière d'entrer dans les claffes d'antique & d'ornement fera réglée par les loix de difcipline & de police intérieures inhérentes a chacune de ces études, & ces réglemens feront déterminés par l'affemblée générale.

XIV. Les cours d'étude théorique feront difpofés de manière que toutes les places puiffent mettre les élèves à même de profiter également des leçons, & les meilleures, s'il y en a, feront le prix de la diligence.

XV. Tout étudiant infcrit pour les cours d'étude théorique, aura le droit & la liberté de confulter en tout temps le profeffeur fur tous les points où fes connoiffances lui feront néceffaires. A cet effet, chaque profeffeur, hors du temps de fon profefforat public, fera tenu d'indiquer un jour de la femaine où il pourra être confulté & où il donnera aux étudians tous les éclaircissemens dont ils auront befoin.

XVI. Tout concours de places, prix d'émulation, médailles, dans les différens cours d'études, feront fupprimés.

XVII. Il n'y aura qu'un concours annuel entre les étudians de chacun des arts du deffin ; celui du prix de Rome.

XVIII. Outre les trois grands prix annuels, il y aura tous les trois ans pour le payfage, un concours, dont le prix fera une penfion de trois années en Italie.

XIX. Nul ne pourra être admis à ces concours s'il n'eft né François.

XX. Ceux qui voudront concourir & fubir les épreuves néceffaires pour être admis au nombre des concurrens définitifs, fe feront infcrire quinze jours d'avance chez le fecrétaire de l'école.

XXI. Le nombre des concurrens définitifs pour chacun des trois grands prix annuels, de peinture d'hiftoire, de fculpture & d'architecture, fera de douze.

XXII. Le nombre des concurrens définitifs pour le grand prix triennal du payfage, fera de fix.

XXIII. Les conditions, les formalités, le temps, le local & tous les détails qui doivent préparer & compléter l'exécution de ces concours, feront réglés par l'affemblée générale de l'école.

XXIV. Les prix, quel que foit le mérite des ouvrages concurrens, feront toujours adjugés, & l'école ne pourra les remettre à une autre année.

XXV. Les ouvrages des concurrens feront expofés au public pendant huit jours confécutifs.

XXVI. Tout ouvrage une fois expofé ne pourra, fous aucun prétexte, être retiré de l'expofition, même par fon auteur.

XXVII. L'affemblée générale de l'école nommera parmi fes membres deux commiffaires pour chaque concours, qui lui feront un rapport motivé des ouvrages & de leur jugement.

XXVIII. Après ce rapport, le jugement fera porté par l'affemblée générale qui le fera connoître fur le champ.

XXIX. Outre le grand prix, dont la valeur fera la penfion de Rome, il y aura pour chaque concours un fecond prix, qui confiftera en une médaille de la valeur de......

XXX. Le temps de la penfion accordée à ceux qui auront remporté le grand prix fera de quatre années pour les peintres d'hiftoire, fculpteurs & architectes, & de trois années pour les payfagiftes.

XXXI. Quiconque aura remporté un des

grands prix, jouira pendant le temps fufdit d'une penfion de 1600 liv.

XXXII. Si le penfionnaire fixe fon féjour à Rome, il fera tenu d'habiter le lieu deftiné à l'école, & il lui fera retenu une fomme de 600 liv. S'il préfère de féjourner dans d'autres villes de l'Italie plus conformes à fon goût & au genre de fon talent, le directeur de l'école de Rome lui fera tenir la totalité de fa penfion.

XXXIII. Tout penfionnaire fera tenu d'envoyer tous les ans à l'école de Paris un ouvrage de fa compofition qui puiffe faire juger de l'emploi de fa penfion & de fes progrès. Ces ouvrages feront rendus publics.

XXXIV. Faute par le penfionnaire de remplir cette condition, à moins de raifons fenfibles, comme accidens, maladies ou empêchemens valablement certifiés, il fera déchu du droit à la penfion, qui lui fera retirée.

XXXV. Tout penfionnaire, indépendamment de la fomme annuelle de 1600 liv. qui courra du jour où il aura remporté le prix, recevra pour fon voyage & les frais qui en font indifpenfables, une fomme de 1200 liv.

XXXVI. Tout penfionnaire, le terme de fa penfion expiré, recevra pareille fomme de 1200 l. pour les frais de retour, & pour le mettre à

E 4

portée de prévenir le dénuement fubit de ref-
fources, dans lequel il pourroit tomber.

XXXVII. Moitié de cette fomme lui fera payée
à fon départ, & l'autre moitié à fon arrivée à
Paris.

CHAPITRE VI.

De l'École dans ses rapports publics.

LES rapports publics & généraux de l'école sont au nombre de trois ; savoir, l'élection des membres qui la composeront, la répartition des encouragemens publics, & le jugement des concours pour les ouvrages payés des deniers publics.

TITRE PREMIER.

Des Elections.

ART. I. Tous les jugemens, soit pour la nomination aux places vacantes dans l'école, soit pour la répartition des encouragemens nationaux, soit pour l'adjudication des ouvrages & monumens payés des deniers publics, seront portés de la manière suivante.

II. Il y aura tous les ans une exposition publique des ouvrages des artistes.

III. Cette exposition durera un mois, & ce mois sera déterminé par le besoin de local ou de soins qu'exigera le cours périodique des études

& des prix annuels, foit au mois de Mai, foit au mois de Septembre.

IV. Tous les artiftes de tout genre & de toute efpèce de talent, auront le droit d'expofer leurs ouvrages dans le lieu affecté à cet objet.

V. Ne pourront être exclus de l'expofition publique que les ouvrages qui repréfenteront une action lafcive ou des fujets obfcènes. Le comité chargé par l'école des foins de l'expofition publique, fera juge en cette partie, & s'il y a difficulté entre l'auteur de l'ouvrage & le comité d'expofition, le commiffaire de police fera appellé comme juge définitif.

VI. Les encouragemens nationaux devant être tout à la fois l'aliment & le prix des talens, l'expofition publique étant le véritable crible de tous les genres de mérite, & le feul moyen de les apprécier & de les juger par la comparaifon, nul ne pourra prétendre à ces encouragemens, qu'en produifant fes ouvrages à l'expofition publique & générale, & dans le lieu qui lui fera affecté.

VII. Quiconque refufera d'expofer fes ouvrages dans le local indiqué pour être le rendez-vous général de tous les talens, fera cenfé renoncer aux bienfaits des encouragemens nationaux, & ne pourra être mis fur la lifte des contendans.

VIII. Ne feront exceptés de cette loi générale que c ux qui auroient été chargés d'ouvrages dont la grandeur, la nature & l'inamovibilité ne permettroient pas d'en fuppofer le déplacement poffible.

IX. Le local pour l'expofition publique fera difpofé par 'école, de manière que les différens ouvrages, felon leur genre ou leur mefure, puiffent être claffés en différentes falles, autant pour l'avantage des artiftes & la commodité du public, que pour procurer la facilité des rapprochemens & des parallèles.

X. Tout artifte qui defirera produire fes ouvrages à l'expofition publique, fera infcrire, chez le fecrétaire de l'école, fon nom, le nombre de fes ouvrages, leurs fujets, leur mefure, & les énoncera dans l'ordre relatif à la préférence qu'il leur donne, au cas que l'étendue du local ne permette pas de les admettre tous.

XI. La lifte des auteurs & de leurs ouvrages fera faite un mois avant l'expofition publique; & quiconque aura laiffé paffer cette époque, ne pourra plus être mis fur la lifte.

XII. Les places dans les falles d'expofition, feront déterminées par la mefure des ouvrages, & par le fort.

XIII. Si le nombre des ouvrages à expofer,

excède l'étendue du local, après qu'on en aura admis un de chacun, & successivement un second, un troisième, &c. à tour de liste, le reste des places insuffisantes pour ce qui restera, sera tiré au sort entre les artistes.

XIV. Tous les détails de police intérieure, de la garde des ouvrages exposés, les heures d'ouverture & de clôture, toutes les précautions de surveillance qu'exigera cette institution, seront réglés par l'assemblée générale de l'école.

XV. Il sera fait, par le secrétaire de l'école, une liste de tous ceux qui exposeront leurs ouvrages, & cette liste sera divisée selon la nature des genres que chacun professera ; elle contiendra le nom, la demeure & l'âge de chaque artiste.

XVI. Cette liste ne sera formée que des noms de ceux qui ne feront point partie de l'école, & elle sera affichée publiquement dans l'école.

XVII. Tous les ans, après l'exposition publique, cette liste sera renouvellée.

XVIII. Quiconque se trouveroit omis sur la liste, ayant le droit d'y être inscrit, en portera plainte à l'assemblée générale; si le secrétaire ne lui donne pas satisfaction, & au défaut de justice de la part de l'assemblée, il aura recours à l'autorité supérieure.

XIX. Lorsqu'il viendra à vaquer une place

dans l'école, le concours à cette place fera annoncé, ainfi qu'il a été dit, (Chap. IV, Art. XI).

XX. Le concours terminé, l'affemblée générale procédera à la nomination par fcrutin de lifte de neuf de fes membres, & à pareille nomination par fcrutin de lifte de neuf des artiftes infcrits fur le tableau de ceux qui ne feront point partie de l'école, & qui auront produit de leurs ouvrages à l'expofition publique. Ces choix fe feront à tour de lifte.

XXI. Seront exceptés de ce choix ceux qui feroient au nombre des contendans à la place vacante.

XXII. Les neuf qui auront eu la pluralité de fuffrages dans l'école, feront réduits par le fort au nombre de trois; pareille réduction par le fort aura lieu pour les neuf nommés hors de l'école.

XXIII. Les noms des juges feront affichés trois jours avant le jugement; & s'il y a lieu à récufation, l'école en jugera & en réélira de nouveaux.

XXIV. Les preuves de récufation feront, ou la parenté, ou la preuve acquife qu'un des juges auroit des intérêts communs avec un des concurrens.

XXV. Les relations anciennes de maître & d'élève, ne feroient, ni un titre, ni un fujet de récufation.

XXVI. Les juges se feront délivrer un extrait des regiſtres de l'aſſemblée, où feront énoncés & ſpécifiés leurs pouvoirs.

XXVII. Si les juges ne pouvoient parvenir entre eux à une pluralité de ſuffrages, ils tireront au ſort parmi les noms reſtant de ia première élection, un ſeptième pour départager.

XXVIII. Le jugement des juges ſera motivé par écrit.

XXIX. Les juges choiſiront parmi eux, ou tireront au ſort, celui qui ſera chargé de rédiger le procès-verbal de leur opération & de leur jugement.

XXX. Le plus âgé d'entre eux ſera préſident.

TITRE DEUXIÈME.

Des Encouragemens Nationaux.

ART. I. Une ſomme annuelle (1) ſera accordée à l'encouragement des artiſtes & au progrès des arts.

II. Tous les artiſtes françois ou domiciliés en

_____

(1) La ſomme accordée juſqu'à ce jour par le Roi, a été de 60000 liv. On penſe que pour produire tout l'effet que la Nation doit en attendre, cette ſomme devroit être portée à 100000 liv.

France, auront droit de prétendre à ces encouragemens.

III. La répartition des encouragemens fera faite de la manière fuivante.

IV. Tous les ans, & pendant le cours de l'expofition publique, l'affemblée générale de l'école nommera un comité, chargé de lui préfenter le mode de répartition & l'emploi de la fomme d'encouragemens, pour les diverfes parties, & pour toutes les branches des arts.

V. Une portion de la fomme d'encouragemens fera employée en commande de tabléaux d'hiftoire & de ftatues nues, ou du genre idéal.

VI. Il y aura tous les ans deux ftatues & quatre tableaux de cette forte.

VII. Le refte de la fomme fera répartie entre les ftatues des hommes célèbres de la France, les tableaux de fujets nationaux, & les branches fubalternes de l'imitation.

VIII. Les fujets des ftatues & des tableaux hiftoriques, feront au choix & à la difpofition des artiftes auxquels ils feront adjugés.

IX. Les fujets nationaux & les ftatues des grands hommes françois, feront tirés au fort entre ceux auxquels ces encouragemens feront décernés.

X. Il fera fait par l'affemblée générale de l'école, une lifte de tous les traits d'hiftoire françoife, & de tous les hommes qui auront bien mérité de la chofe publique.

XI. Cette lifte devra être faite d'après les renfeignemens, demandes & recherches des quatre-vingt-trois départemens.

XII. Cette lifte devra recevoir la fanction de l'Affemblée Nationale.

XIII. Tout tableau d'hiftoire nationale, toute effigie en ftatue, en bufte ou en peinture des hommes célèbres françois, après avoir paru à l'expofition publique, feront renvoyés dans le chef-lieu du département où le trait d'hiftoire fe fera paffé, ou qui aura donné naiffance au perfonnage repréfenté, pour que le directoire du département en ordonne la deftination convenable.

XIV. Indépendamment des fujets qui formeront ce répertoire national, & qui feront exécutés fur la fomme annuelle accordée par la Nation à l'encouragement des arts, il fera fait une autre lifte de toutes les demandes particulières, foit des municipalités, foit des fociétés privées, qui defireront que les monumens dont elles feront les frais, foient adjugés de la même manière que les encouragemens nationaux.

XV.

XV. Tous les ans , après l'expofition publique, l'école procédera , par le mode indiqué (au titre des éleétions), à la nomination des juges , qui déclareront ceux que l'opinion publique aura proclamés dignes de recevoir ces encouragemens.

XVI. Ces juges , foit dans l'école , foit hors de l'école , devront être choifis parmi ceux qui n'auront point expofé cette année , ou qui ne fe feront point fait infcrire comme prétendant à ce concours , ou qui déjà en poffeffion de quelques travaux d'encouragement , n'auront , pour cette fois , aucune part ni aucun droit à la répartition.

XVII. Sur la fomme d'encouragemens , on en réfervera une deftinée à acquérir les ouvrages non commandés , que l'étude ou le defir de la réputation auroient pu porter quelque artifte à entreprendre gratuitement.

XVIII. Pour l'adjudication de cette dernière forte d'encouragemens , il fera néceffaire de réunir l'unanimité des fuffrages parmi les juges.

XIX. La fimple pluralité fera requife pour tous les autres jugemens ; & en cas de partage d'opinions , les juges tireront au fort (ainfi qu'il a été dit) , un feptième pour départager.

XX. Ce fur-arbitre fera réélu au fort , à chaque fois qu'il y aura partage d'opinions.

F

XXI. Les juges déduiront par écrit les motifs de leur préférence, & les raisons de leurs
jugemens.

XXII. Tous les détails d'exécution relatifs à
la formule des jugemens, à leur authenticité, à
leur publicité, feront réglés par l'assemblée générale de l'école.

XXIII. L'on ne pourra avoir à la fois qu'un
seul ouvrage d'encouragement, & l'on ne pourra
prétendre à un nouveau concours, qu'après que
l'ouvrage commandé sera fini, & aura paru à
l'exposition publique.

XXIV. L'assemblée générale de l'école sur-
veillera l'exécution des ouvrages commandés,
elle fixera l'espace de temps dans lequel ils devront être terminés, en raison de leur importance, de la nature des sujets, & des occupations
de ceux auxquels ils feront confiés.

XXV. Elle tiendra un registre, qui fera rendu
public, & qui contiendra les noms de ceux qui
auront part aux encouragemens, l'énoncé des
ouvrages commandés, la date de l'époque où ils
l'auront été, & de celle à laquelle ils doivent
être terminés.

XVI. Elle fera chargée en outre de l'envoi des
ouvrages à leurs diverses destinations dans toute
la France, ainsi que de surveiller l'arrangement &

la disposition de ceux qui feront partie des différentes galeries.

TITRE TROISIÈME.

Des concours aux ouvrages & monumens payés
des deniers publics.

Art. I. Il sera ouvert des concours pour tous
les ouvrages & monumens, payés des deniers
publics, en peinture, sculpture & architecture, & autres parties ou branches de ces trois
arts.

II. Les concours n'auront lieu que sur un programme où seront spécifiées d'une manière claire
& précise, la somme que l'on veut employer;
la nature, la destination & la mesure de l'ouvrage; le local, la forme du terrein, les su-
jétions particulières, & les besoins du monument.

III. Le programme sera rendu public par le
moyen de l'affiche & par la voie des journaux.

IV. Le programme portera expressément le
terme auquel les concurrens devront avoir terminé leurs projets.

V. Tout ouvrage qui arrivera ce terme passé,
sera rejetté.

VI. Les ouvrages des concurrens seront adressés

au secrétaire de l'école, qui en délivrera un reçu.

VII. Les auteurs pourront se faire connoître, ou garder l'*incognito*.

VIII. Chaque auteur attachera à son ouvrage son nom cacheté, ou le signera d'une manière ostensible.

IX. Devra chaque auteur accompagner son projet d'un précis explicatif de ses motifs, & des raisons qui l'ont conduit dans sa conception.

X. Quinze jours après le terme fixé par le programme, les ouvrages des concurrens seront exposés publiquement, ou dans la salle ordinaire d'exposition publique, ou dans toute autre indiquée à cet objet par l'école.

XI. Les places dans l'exposition seront tirées au sort entre les concurrens.

XII. La durée de l'exposition sera déterminée par le programme lui-même, en raison de l'urgence ou de l'importance de l'ouvrage à entreprendre.

XIII. Les programmes spécifieront aussi l'indemnité qui devra être accordée aux commissaires nommés pour être juges du concours.

XIV. En cas d'omission de cet article dans le programme, l'assemblée générale de l'école fixera la quotité de cette indemnité.

XV. Les juges des concours feront nommés dans la forme & de la manière indiquée ci-deffus (Titre Ier).

XVI. Selon que les programmes le demanderont, le nombre des juges pourra être augmenté en raifon de l'importance des objets mis au concours ; mais il ne pourra l'être qu'en égale proportion pour les juges pris dans l'école, comme pour ceux qui feront pris au-dehors.

XVII. L'expofition publique terminée, les juges dont les noms auront été affichés & publiés (ainfi qu'il a été dit ci-deffus), s'affembleront pour examiner les ouvrages, débattre les critiques & leurs réponfes.

XVIII. Les juges devront avoir égard au mérite connu des concurrens, aux preuves de talent qu'ils auront déjà données dans des ouvrages publics, & dont l'exécution garantiroit celle que des projets, plans ou efquiffes ne peuvent jamais affurer qu'imparfaitement.

XIX. Lorfque de femblables confidérations entreront dans les motifs de préférence des juges, ils feront tenus de les énoncer par écrit.

XX. Les juges rédigeront un procès-verbal, où la difcuffion & l'analyfe de tous les ouvrages, les motifs de leur décifion, & leur jugement définitif, feront clairement & fimplement énoncés.

XXI. Ce procès-verbal fera rendu public par la voie de l'impreſſion, & formera partie des regiſtres de l'école.

XXII. Les juges, pour chaque eſpèce de concours, feront choiſis de manière que la moitié ou les deux tiers ſoient d'artiſtes exerçant l'art dans lequel le concours aura lieu.

XXIII. En cas de trop de travail ou d'inſuffiſance de temps, les juges pourront demander un renfort d'auxiliaires, qui feront élus de la même manière & dans la même forme.

XXIV. Le jugement ſera ſigné par tous les juges.

XXV. Nul, après avoir accepté la commiſſion de juge, lorſqu'il n'y aura eu contre lui aucun ſujet à récuſation, ne pourra ſe récuſer dans le cours du jugement.

XXVI. Si dans le cours du jugement, un des juges, par maladie ou autre cauſe, vient à manquer, il ſera remplacé de la manière ci-deſſus énoncée.

CHAPITRE VII.

Du local qu'exige l'Ecole des Arts.

C'EST en vain qu'un plan universel d'instruction propre aux artistes de tous les genres, s'établiroit sur les bases d'une liberté bien entendue & d'une administration active & surveillante, si une telle institution réduite aux simples spéculations de la théorie ne parvenoit à se réaliser promptement, par le moyen d'un local capable de renfermer & de présenter tous les instrumens physiques & moraux qu'exige l'enseignement des arts.

C'est en vain encore qu'un système intellectuel auroit cherché à rapprocher, sous une direction commune, les parties d'institution des arts jusqu'à présent incohérentes & divisées, si cette chaîne d'union ne parvenoit à s'établir d'une manière sensible & propre à faire comprendre, par une distribution matérielle des divers cours d'étude, leur liaison morale, leurs relations réciproques, leurs points de contacts, & la progression méthodique des connoissances qui doivent se servir d'échelons les unes aux autres.

F 4

Ce raſſemblement indiſpenſable en un ſeul lieu des élémens & des inſtrumens variés de l'enſeignement des arts, porte naturellement la penſée vers un projet plus grand encore & dont celui qui m'occuppe n'eſt qu'une partie ou une ſimple conſéquence.

La liaiſon des ſciences, des lettres & des arts ; la correſpondance qui exiſte entre les trois régions des connoiſſances & des facultés humaines, la néceſſité d'un chef - lieu commun, d'un point central d'inſtruction pour toute la France, au milieu duquel s'éleveroit cet arbre méthodique de la ſcience, qui juſqu'à préſent n'a exiſté que dans les livres, l'utilité enfin d'un inſtitut général correſpondant avec toutes les écoles partielles du royaume, n'échapperont point à la ſage prévoyance & à la profondeur de nos Légiſlateurs.

Ils ſentiront auſſi combien il importe au ſuccès d'une telle inſtitution que toutes ſes parties, raſſemblées ſous le deſſin uniforme d'un même plan, s'élèvent avec l'enſemble de l'unité morale & phyſique, pour former un monument impoſant par ſon ſeul aſpect.

Si l'édifice propre à devenir le temple de la ſcience n'exiſtoit pas, il faudroit ſans doute l'entreprendre ; il faudroit que, ſitué au milieu de la capitale & dans le plus bel emplacement, réuniffant par fa difpofition toutes les fortes d'afpeéts & d'expofitions, commode dans fes avenues, libre dans fes dégagemens, fufceptible de toutes les diftributions, il réunît encore à tous ces avantages, la folidité dans la conftruction, la magnificence de la décoration, & que la grandeur de fa maffe annoncât celle de fa deftination.

Mais n'avons-nous pas dans la vafte & magnifique enceinte du vieux Louvre, l'édifice qu'il nous faut? Ce monument de l'inconftance humaine, célèbre & bifarre affemblage de ruines & de projets avortés, de la grandeur des idées & de la foibleffe des moyens, femble attendre depuis deux fiècles une époque où la Nation Françoife parvenue enfin à la connoiffance de fes forces, répare les erreurs de fon ancienne impuiffance.

C'eft-là que doit s'ouvrir ce lycée univerfel, c'eft-là que doit fe fixer ce fanétuaire de la fcience.

Le palais du Louvre eft entiérement fini, quant à la conftruction principale ; ce qui y manque fe trouve être de nature à ne point faire regretter fon imperfection, puifque de nouvelles diftributions néceffiteront un ordre nouveau de difpofition dans l'intérieur de fes murs. Le troifième étage fi mal-à-propos changé par les architectes de ce siècle, se trouve être encore dans les deux tiers de l'édifice selon le dessin premier de ses inventeurs. Il n'y auroit donc qu'à-peu-près un tiers de ce troisième ordre à rétablir dans la forme de l'attique, ce qui n'exigera point une nouvelle dépense de matériaux.

Les riches sculptures dont ce palais est orné & dont la symmétrie demandera la continuation, offriront aux sculpteurs de tout genre des travaux utiles aux arts comme aux artistes.

La totalité de ce palais se compose d'un rez-de-chaussée, d'un premier étage, & d'un attique.

Toute la partie du rez-de-chaussée comprendroit les diverses classes où seroient répartis les divers cours d'études dans les sciences, les lettres & les arts.

Le premier étage contiendroit les cabinets d'histoire naturelle, de physique, de mécanique, & de machines; la bibliothèque (dite du Roi); les galeries de tableaux, de dessins, médailles, antiquités, antiques, &c.

Le second étage ou l'attique, outre plusieurs recueils qui exigent un moindre local, renfermeroit les logemens de ceux auxquels seroit confiée la garde de toutes les galeries, bibliothèques, recueils précieux, &c.

La grande galerie qui joint le Louvre aux

Tuileries feroit le Mufæum national, & contiendroit les ouvrages de l'école françoife ; par
fa vafte étendue il offriroit un local illimité aux
ouvrages à venir & aux productions futures du
pinceau.

L'intérieur de la cour pourroit devenir un récep-
tacle des ftatues élevées au hommes célèbres du
département de Paris, ou de ceux dont la ville
feroit à fes frais multiplier les images.

Le palais du Louvre offriroit de vaftes falles
pour les exercices publics, pour les concours ;
& il ne s'agiroit que d'en répartir le nombre &
la mefure felon les befoins des différens cours
d'étude ; tous ces befoins n'exigeant aucun luxe
intérieur, le plan une fois arrêté, il feroit poffible, en un très-petit nombre d'années, de ter-
miner, & à peu de frais, un édifice qui dans fon
état actuel dépofe contre le goût & le caractère
françois.

Je ne faurois m'empêcher de le répéter : fi
ce monument n'exiftoit pas, il faudroit l'entreprendre ; mais fi fa deftination n'étoit pas toute
trouvée, il faudroit lui en chercher une. Ce qui
pourroit faire la gloire de la ville & de la nation,
en eft aujourd'hui la honte. Cet état de ruine &
de délabrement, ce défaut d'emploi d'un édifice,
le plus grand, le plus folide & le plus magnifique qu'ait élevé la France, ne peuvent s'excufer

que par ce défaut de volonté durable & d'action fuivie, qui a caractérifé jufqu'ici notre gouvernement. Mais aujourd'hui que tous les projets doivent fe mefurer fur l'étendue des moyens
& la perféverance d'une volonté nationale, fans
doute la dépenfe d'un comble, le ragréement
de quelques parties d'ornement & la diftribution
intérieure de quelques falles, ne paroîtront point
une entreprife au-deffus des forces & des moyens
d'une nation de vingt-cinq millions d'hommes
intéreffés à l'achévement & à l'emploi de ce bel
édifice.

On m'objectera que ce palais eft une propriété
royale, que la Nation n'a aucun droit d'en récla-
mer pour elle l'emploi, & que la dépenfe de ce
rachévement pourroit bien ne pas fe trouver en
proportion des facultés actuelles du Roi. Ceux
qui feroient férieufement cette objection, igno-
reroient fans doute & l'amour du Roi pour les
fciences & les arts, & fon inépuifable difpofition
à tous les facrifices perfonnels en faveur du peuple
avec lequel il s'eft identifié, & dans le bonheur
duquel il retrouve tous les genres d'indemnités &
de compenfations, & les moyens qui s'offriroient
naturellement d'ôter à ce nouvel emploi l'ombre même d'un facrifice de la part du Roi. Ce
n'eft point ici le lieu, & il ne m'appartient point
d'indiquer ces moyens. Mais ce qui n'eft pas dou-

teux, c'est que le palais des Tuileries suffisant à la résidence du Roi à Paris, l'abandon qu'il feroit de celui du Louvre à l'institut national des sciences, lettres & arts, n'opéreroit que le complément de sa destination actuelle, & des changemens auxquels Sa Majesté feroit bien moins personnellement intéressée, que plusieurs de ceux qui affecteroient de penser autrement.

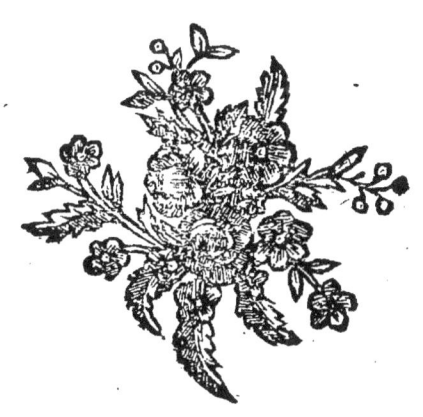

CHAPITRE VIII.

De la dépense relative à l'Ecole publique des Arts.

LA majorité de l'académie de peinture & fculpture vient de faire un apperçu des dépenfes néceffaires à fon organifation & à fon adminiftration : cette fomme monte à 50,830 liv.

Une partie de l'académie d'architeéture, dans la rédaétion de fon projet, à porté l'apperçu des frais de cette école à 31,000 liv.

Il faut ajouter à ces deux fommes, celle néceffaire aux frais de ce que l'une & l'autre académie a appellé l'académie centrale, laquelle devroit avoir un préfident, un chancelier, un fecrétaire, un tréforier, un bibliothécaire. On penfe qu'en ajoutant aux honoráires de ces perfonnes ceux des fubalternes, & les frais indifpenfables de ce noyau académique, ce n'eft pas trop que de les porter à la fomme de 10,000 l.

En total 91,830 liv.

Il exifte dans Paris deux autres écoles relatives aux arts du deffin, celle des ponts & chauffées, dont la dépenfe eft portée dans le mémoire de M. de la Millière, à 33,000 livres ; & celle appellée l'école gratuite du deffin, dont les

revenus repofent en partie fur des fondations
éventuelles & qui me font inconnus, mais dont
la dépenfe publique vient d'être portée par M.
Bachelier à la fomme de 28,000 liv.

Il faut ajouter l'école de Rome, dont la dépenfe annuelle fe monte à 42,000 liv.

Voilà donc dans cet état de chofes, une dépenfe
pour l'enfeignement des arts, de 194,830 liv.

Dans cette fomme ne font point compris encore les traitemens affectés jufqu'à ce jour fur
la dépenfe des bâtimens, & dont jouiffent ceux
qui font en poffeffion de certains titres, de certaines places, ou qui font & doivent être commis à la garde des galeries & autres objets. Ces
dépenfes font plus relatives aux artiftes & aux
individus qui en font l'objet, qu'aux arts & à
leur enfeignement ; je n'en fais donc pas mention.

Je dois dire cependant, que dans le projet de
réunion en une feule, de toutes les écoles qui
ont pour objet les arts du deffin, l'établiffement
des ponts & chauffées auroit toujours befoin
d'une école plus relative aux travaux itinéraires
& aux élémens des connoiffances mathématiques, qu'aux arts proprement dits ; ce qui né-
ceffiteroit toujours une école annexée à cette
inftitution. D'où j'infère que la fomme totale
que je viens de rapporter, peut être diminuée
d'environ 14000 liv. ; ce qui la réduit pour l'ob-

*

jet direct de l'enseignement des arts, à 180,830 l.

Maintenant voici l'apperçu de la dépense de l'école publique des arts, constituée selon mon plan, & qui réuniroit celle de peinture & sculpture, celle d'architecture, celle de construction annexée aux ponts & chaussées, & l'école gratuite de dessin.

ÉTAT *des dépenses de l'École publique des Arts du Dessin.*

Honoraires des Maîtres & Fonctionnaires de l'Ecole.

Au président..................................	2400 l.
Au vice-président...........................	1200
Au secrétaire...............................	1800
Au secrétaire-adjoint.......................	1200
Au trésorier...............................	1200
Pour les quatre professeurs de modèle..	4800
Pour les deux professeurs d'antique....	2400
Pour les quatre professeurs d'architecture.................................	4800
Pour les deux professeurs de construction.................................	2400
Pour les deux professeurs de l'ornement.	2400
Aux dessinateurs-adjoints.................	6000
Pour le professeur de mathématiques....	1200
	31800 l.

Pour

Ci-contre... 31,800 l.

Pour le professeur d'histoire, cos-
  tume, &c.. 1200
Pour le professeur de perspective........ 600
Pour le professeur d'anatomie.............. 600

34,200 l.

Diverses dépenses relatives à l'Enseignement.

Pour les frais de modèle, à 6 liv. par
  jour, les Fêtes & Dimanches ex-
  ceptés.. 2000
Pour les restaurations de plâtres an-
  tiques, transport, déplacement ou
  arrangement de figures...................... 600
Pour l'école de construction, trait &
  modèle.. 1200
Pour les ornemens, dessins à graver,
  & modèles propres à la classe de
  l'ornement.. 2000
Pour frais relatifs aux cours d'histoire,
  costume, &c....................................... 600
Pour frais relatifs au chirurgien-dé-
  monstrateur & au cours d'anatomie. 1000
Dépenses relatives au cours d'anatomie. 200

7600 l.

Frais relatifs à l'entretien de l'Ecole.

Dépenfe de bois, lumière, charbon, huile, &c.............................. 4000 l.

Entretien des uftenfiles...................... 1000

Commis aux écritures...................... 800

Frais de papiers, regiftres, billets de convocation, &c...................... 1000

Pour les concierges...................... 3000

Pour les huiffiers & garçons de falle.... 4000

Pour dépenfes imprévues...................... 2000
_____
15800

RÉCAPITULATION.

Pour les honoraires des maîtres.......... 34200 l.

Pour les frais d'enfeignement.............. 7600

Pour le fervice de l'école...................... 15800
_____
Total général...................... 57600

A quoi ajoutant pour les frais de l'école de Rome la fomme de......... 42000 l.

Je trouve la fomme de...................... 99600

Au lieu de celle de...................... 180830

Partant, économie de...................... 81230 l.

(*) L'économie, je le fais, ne feroit, en fait de

_____

(*) Ce qui donneroit, comme l'on voit, 21000 l. au-delà de la fomme d'encouragemens accordés jufqu'ici par le Roi.

femblables inftitutions, qu'un avantage fecondaire;
car s'il exifte un point fur lequel l'avarice des
deniers publics puiffe ceffer d'être une vertu, c'eft
fans doute celui d'où dépend l'exploitation des
plus grandes richeffes qu'une nation puiffe defirer.
Mais la feule économie qui puiffe être admife, eft
celle des moyens & des agens, lorfqu'il eft bien
prouvé que l'action n'en fera que plus rapide &
plus uniforme. Si je prouve & fi l'expérience
l'a prouvé avant moi, que quatre profeffeurs
qui ferviront trois mois de l'année, font plus que
fuffifans pour la claffe de la nature ; s'il eft notoire que la furveillance de cette étude qui fe
borne à deux heures de l'après-dîner par jour,
n'a pas befoin d'un plus grand nombre de di-
recteurs, je prouve auffi que ceux qui ont infti-
tué une trentaine de places de profeffeurs pour
cette claffe (je parle de la majorité de l'académie), fe font montrés auffi prodigues des deniers publics, qu'économes de prévoyance &
de délicateffe. Si j'ai bien prouvé (dans la
Première Suite aux Confidérations fur les Arts)
que ce que l'on appelle improprement les genres de peinture, n'eft point fufceptible d'enfeignement public, j'aurai prouvé de même que
les quatorze places de profeffeurs, inftituées
par la *majorité de l'académie*, pour les genres
pofent entiérement fur le vuide ; qu'elles feroient

non - feulement inutiles, mais impoffibles, &
j'aurai prouvé qu'on ne fauroit même donner
le nom d'économie aux vingt mille livres que
je fais gagner à la Nation fur ces deux articles.
Cette réduction ne mérite pas d'être honorée du
titre d'économie. Les dix mille livres que coûteroit la ridicule *académie centrale*, les trente - un
mille livres que coûteroit la funefte féparation
de la fection d'architecture d'avec la fection de
peinture, font très-bons à gagner, j'en con-
viens; mais j'affirme que l'économie n'a point
eu de part à ces fupreffions, & qu'elle ne m'a
conduit en rien. Je n'ai eu en vue que l'avantage des arts & de l'école. Je défie qu'à quelques
détails près, que je pourrois n'avoir pas pré-
vus, on me montre que j'aie laiffé aucune partie
de l'enfeignement au dépourvu des moyens néceffaires à fon exercice; je défie qu'on me prouve
que les honoraires que j'ai fixés pour toutes les
places, ne foient pas, l'un portant l'autre, au
niveau de ceux que les académiciens eux-mêmes
fe font fixés, & foient au-deffous des convenances les plus fimples; je défie qu'on me prouve
que j'aie été au rabais fur toutes les dépenfes,
puifque je n'en ai diminué aucune & que j'ai
enchéri fur plufieurs; & cependant la totalité
de l'école de Paris qui en réuniroit quatre, ne
coûteroit, felon mon plan, que cinq mille livres

de plus que la feule école de peinture, felon le projet de la *majorité*.

D'où vient donc une fi prodigieufe différence de réfultat ? de la différence toute fimple du principe dont je fuis parti : je n'ai voulu voir que l'intérêt des arts, & non l'intérêt de ceux qui les profeffent ; j'ai eu en vue l'avantage de l'enfeignement, avant de m'occuper des avantages de ceux qui enfeigneront ; j'ai cru enfin qu'il falloit créer des places pour les befoins de l'enfeignement, & non pas imaginer de chimériques befoins d'enfeignement, pour avoir le plaifir de fe créer des places.

P. S. Si par le plan dont je viens de donner les développemens généraux, par la fimplicité de fon organifation, par l'aptitude de tous fes refforts à concourir aux inftitutions publiques qui s'y attacheroient, par la liberté intérieure & extérieure qu'il comporte, par le jufte équilibre de fes forces & de fes mouvemens, par l'économie d'agens, qui devient le principe d'une épargne confidérable pour la Nation, je pouvois me flatter d'avoir concilié les opinions oppofées qui luttent depuis long-tems dans un fens fi contraire à la vérité, j'aurois remporté la plus heureufe récompenfe de mes peines.

Mais je fens qu'il refteroit encore une dernière quéftion à me faire. En admettant, me dira-t-on, ce corps enfeignant, conftitué tel que vous le propofez, limité dans le nombre de fes places fur les befoins de l'enfeignement, fixe dans fon adminiftration, mobile dans l'application temporaire des maîtres aux places enfeignantes, contrebutté par les écoles privées, par la liberté d'expofition publique, inhabile à toute efpèce de privilège ; partageant avec ceux du dehors les droits effentiels de l'élection, de la répartition des encouragemens, & du jugement des concours ; en fuppofant, dit-on, cette inftitution mife en activité, il faut avouer qu'elle feroit conforme à tout ce que la liberté bien entendue peut efpérer. Mais quel fera le moteur premier de cette inftitution ? où eft le reffort primaire qui lui donnera le mouvement ? car de ce premier germe, d'où doit réfulter fa formation, peut dépendre auffi le vice radical qui en corromproit, au moins pour longtems, l'efprit & les principes.

Je réponds que je n'ai pas attendu jufqu'ici à prévoir cette difficulté, à en concevoir l'importance & à en trouver la folution. Mais cette folution définitive devant dépendre, dans mon plan, de certains principes même conftitutionnels, que l'Affemblée n'a point encore pofés, je ne peux ni ne dois affèoir rien fur une loi encore

éventuelle ; & j'attendrai, pour expofer ma dernière intention fur cet objet , que la volonté nationale ait fixé les bafes fur lefquelles je pourrai
appuyer mon projèt.

F I N.

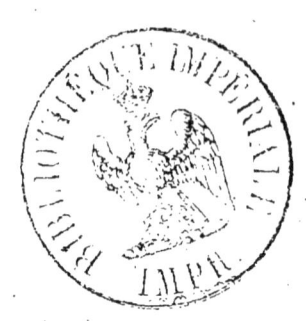

www.ingramcontent.com/pod-product-compliance
Lightning Source LLC
Chambersburg PA
CBHW070956240526
45469CB00016B/1201